KUNST FÜHRER

Dresden · Sächsische Schweiz

„Dresden-Neustadt VII", Oskar Kokoschka

Zwinger, Kronentor

Albrechtsburg, Meißen

Fasanenschlößchen, Moritzburg

„Marzella", Ernst L. Kirchner

Titel: „Frühling" und „Herbst", Balthasar Permoser

Europäische Bedeutung erlangte das wohl erstaunlichste Bauwerk Dresdens: der Zwinger. Das Ensemble der Pavillons und Galerien wurde 1709/28 von Matthäus Daniel Pöppelmann und Balthasar Permoser für August den Starken errichtet. Hier blickt man auf die Gemäldegalerie von Gottfried Semper. Mit ihr schloß man 1847/55 den elbseitig offenen Hof ab. Der Kunsttempel gilt als ein Hauptwerk des Museumsbaus im 19. Jahrhundert.

Beste euro
im

Aus einer Grenzburg entwickelte sich Meißen, das mit seinem gotischen Dom Kunstgeschichte machte. Der Glanz verblaßte, als sich Dresden zum blühenden Wirtschaftsstandort entwickelte und mit barocker Pracht ausgestattet wurde. Elbflorenz zog beste Künstler an, etwa Canaletto und Pöppelmann. Auch die Moderne setzte wichtige Zeichen.

Die sorbische Siedlung Misni lag am linken Elbufer, im Schutze eines sicheren Burgbergs, mehrere hundert Kilometer südöstlich der sächsischen Grenze. Das war im 10. Jahrhundert. Die Sachsen, ein nordseegermanisches Volk und ursprünglich an der Elbmündung, im Holsteinischen, beheimatet, hatten sich während dieser Zeit bis an die Mittelgebirge, nach Westfalen und – zusammen mit ihren nördlichen Nachbarn, den Angeln – nach England ausgebreitet. Nach Osten grenzte ihr Gebiet an das der Slawen. Diese Grenze, noch heute an den Ortsnamen ablesbar, verlief entlang der mittleren Elbe und der Saale, also zwischen Magdeburg (sächsisch) und Leipzig (slawisch).

Diese Grenze war den sächsischen Herzögen Hinrik, der ostfränkischer König, und seinem Sohn Otto, der sogar römischer Kaiser wurde, noch zu nahe an ihren Hausgütern im Harzvorland. Sie begannen, eine Reihe von Grenzburgen jenseits der Saale anzulegen – je weiter östlich, desto besser. Der Burgberg von Misni war der östlichste. 965 entstand die Mark Meißen.

Zweihundert Jahre später wurde dieser „ferne Osten“ Europas mit einem Schlag Boomland. Am Nordrand des Erzgebirges wurden 1168 reiche Silbervorkommen entdeckt – plötzlich verfügten die Markgrafen von Meißen über einen bedeutenden Teil der mittelalterlichen Edelmetallreserve. Siedler aus dem übervölkerten Westen, aus Franken und Thüringen, wurden ins Land geholt, rodeten die Wälder, erschlossen das Land und ließen sich an den günstigsten Stellen nieder – so auch an dem Elbübergang der Fernstraße nach Schlesien, nahe dem Sorbendorf Drezd'any, dem künftigen Dresden.

Auf dem Meißner Burgberg, Sitz von Markgraf und Bischof, entstand ein hochgotischer Dom, der zu den feinsten seiner Art zählt. Das zweihundert Jahre jüngere Schloß der Markgrafen, die Albrechtsburg neben dem Dom über der Elbe, ist ein Höhepunkt jener prachtvollen obersächsischen Gotik, die das Land zwischen Elbe und Thüringer Wald zum ersten Mal ins Schlaglicht der Kunstgeschichte rückte.

Dieses Land nannte man nun auch Sachsen, Obersachsen zur Unterscheidung vom eigentlichen Sachsen im Norden. Denn 1423 gelang dem Meißner Markgrafen Friedrich das politische Meisterstück, sich vom Kaiser zum „Herzog von Sachsen“ ernennen zu lassen. Der Titel bedeutete zwar konkret nicht mehr viel, seitdem 1180 der schwäbische Kaiser Friedrich Barbarossa das alte Herzogtum Sachsen, das ihm allzu mächtig zu werden drohte, zerstückelt und an seine Gefolgsleute verteilt hatte. Er war aber mit der Kurwürde verbunden, das heißt, der Amtsinhaber war einer der sieben Fürsten, die den König und Kaiser wählten. Nun war also der Meißner Markgraf Kurfürst von Sachsen und begann, seine ausgedehnten Besitzungen zwischen Dresden, Wittenberg

päische Kunst
sächsischen Elbtal

Eines der modernsten Bauwerke in Dresdens Altstadt ist der 1992/93 errichtete Stahl-Glasbau mit dem Plenarsaal für den Sächsischen Landtag in der Devrientstraße. In der großen Fensterfront spiegelt sich der Erlweinspeicher, der noch stark renovierungsbedürftig ist. Dieses monumentale Gebäude, das 1912 bis 1914 vom Stadtbaurat Hans Erlwein geschaffen wurde, hat eine Lagerfläche von 20 000 Quadratmetern.

und Eisenach nach diesem prächtigsten all seiner Titel zu nennen.

Die Erbteilung des Jahres 1485 zwischen der „ernestinischen" und der „albertinischen" Linie der Wettiner führte auf der einen Seite zu jenen Dutzenden von Kleinstherzogtümern, die das heutige Thüringen bilden, auf der anderen Seite zum heutigen Freistaat Sachsen. Die Albertiner sicherten sich schnell die Vorherrschaft vor ihren ernestinischen Vettern und machten Sachsen zu einem frühneuzeitlichen Fürstenstaat, wobei ihnen ein rapider Anstieg der Silbergewinnung zugute kam.

Die lokale Sprache, entstanden aus den fränkischen Dialekten der Siedler auf der Basis der alten slawischen Aussprachegewohnheiten, wurde mit Luthers Bibelübersetzung ins „Deutsche" (wörtlich: ins Volkstümliche, Nichtlateinische) zur Hochsprache des Protestantismus. Noch zur Goethezeit war das „Meißnische" (wie es im Unterschied zum „Sächsischen", dem Niederdeutschen, hieß) so hoch angesehen wie der Staat selbst.

Meißen verlor den Status der Residenzstadt

1485 verlegte der Kurfürst die Residenz dauerhaft einige Kilometer elbaufwärts nach Dresden, das das erste Vierteljahrtausend seiner Existenz als unauffälliger Handelsplatz verbracht hatte. Von nun an wurde Meißen, dessen Rolle als Bischofsstadt wenig später mit der Reformation ein Ende fand, seinerseits zu einem ruhigen Städtchen, während die neue Hauptstadt Dresden einer glanzvollen Zukunft entgegensah – wenn dies auch erst zweihundert Jahre später geschah. Dann aber vollzog sich Dresdens Aufstieg zur europäischen Metropole binnen weniger Jahrzehnte.

Als Kurfürst Friedrich August I. 1694 die Herrschaft übernahm, hatte Dresden 20 000 Einwohner. Fünfzig Jahre später waren es dreimal so viele. Der Kurfürst ließ sich zum König von Polen wählen, regierte das sächsisch-polnische Doppelreich von Dresden und Warschau aus, ließ beide Hauptstädte mit barocker Pracht ausstatten und machte sie zu blühenden Wirtschaftszentren, deren Stammkapital die Anwesenheit des Fürsten war.

So entstand am Anfang des 18. Jahrhunderts das erste, das barocke Dresden inmitten einer Schloßlandschaft von Radebeul bis Großsedlitz. Die Kurfürsten, ihre Minister, ihre Mätressen und die anderen auf der Sonnenseite des Fürstenglanzes ließen Schlösser, Palais und Parks anlegen. Das Beste der europäischen Kunst traf sich im oberen Elbtal. Man kaufte Kunstwerke von der Antike bis zum Barock – die kurfürstlichen Kunstsammlungen gehörten zu den größten ihrer Zeit. Und man beschäftigte Künstler: Der Venezianer Bernardo Bellotto (1720 bis 1780), genannt Canaletto, etwa produzierte das offizielle Bildmaterial.

Im Dresdner Barock trafen sich die französische Freude an geometrischer Perspektive und präziser Form mit dem aus dem katholischen Mitteleuropa kommenden Hang zu ornamentalem Überschwang. Zugleich eröffnete sich die staatlich gelenkte sächsische Wirtschaft durch einen technologischen Vorsprung neue Märkte.

Manufaktur auf der Albrechtsburg

Zum Silber kam das weiße Gold: Seit dem Jahr 1710 produzierte, auf der Albrechtsburg streng gegen Industriespionage abgeschirmt, die Kurfürstliche Porzellanmanufaktur die begehrten Produkte mit den gekreuzten Schwertern, dem alten meißnischen Wappen. Das Porzellan wurde verkauft an Europas Adel und später Europas Bürgertum. In Dresden avancierten die Goldschmiede zur führenden Zunft.
Schlösser und Geschmeide waren Investitionen, die sich rentierten. Das Kapital, das der Hof für sein Geld erwarb, war zwar immateriell, aber deshalb nicht weniger real. Sachsen baute und feierte sich an die Spitze der Fürstentümer. August der Starke mit seinem legendären Kinderreichtum und seinen Dutzenden von Schlössern regierte eine angesehene Großmacht; sein preußischer Nachbar Friedrich Wilhelm, der – so die Anekdote – auf Besuch am Dresdner Hof beim Anblick einer besonders sinnlich gekleideten Mätresse seinem Sohn Friedrich schnell den Hut vor die Augen hielt, war dagegen eine recht komische Figur: ein Provinzpolitiker, der lieber Soldaten als Baumeister finanzierte.

Friedrich II. machte Sachsen zum Kriegsschauplatz

Wenig später erstarb das Lachen: Preußens neuer König Friedrich II. zeigte, daß man auch mit Soldaten zur Großmacht werden konnte. Wieder und wieder wurde Sachsen zu einem Schauplatz preußischer Kriege; im Jahr 1760 griff Friedrichs Armee Dresden an. Preußens Schatten wurde immer länger. Als Napoleon daran ging, den Kontinent neu zu arrangieren, sah Sachsen noch einmal die Chance, große Politik zu betreiben. Von Napoleon zum König ernannt, blieb der sächsische Herrscher bis zuletzt auf der Seite Frankreichs.
Anschließend war das triumphierende Preußen drauf und dran, Sachsen ebenso wie das Rheinland und Westfalen kurzerhand zu annektieren. Nach dem Wiener Kongreß (1815) erhielt es immerhin drei Fünftel Sachsens. Das Königreich, jetzt erstmals mit neuer weiß-grüner Fahne, schnurrte auf seine heutigen Grenzen zusammen.

1905 fertigte Fritz Bleyl (1880–1966) diese aquarellierte Sepiazeichnung vom Japanischen Palais an. Im gleichen Jahr gründete er mit den Architekturstudenten Kirchner, Heckel und Schmidt-Rottluff die Künstlergemeinschaft „Brücke". Aber Bleyl blieb der Architektur verbunden: 1907 übernahm er ein Lehramt an einer Bauschule. Die Zeichnung zeigt, wie er die statische Konstruktion des Palais erfaßt hat. Der Fassadenschmuck ist getreu nachgebildet.

Noch einmal, 1866, stellte es sich gegen Preußen auf die Seite Österreichs. Nach der Niederlage wurde Sachsen dann tatsächlich vom neuen preußischen Deutschland einverleibt.

Es war „gemiedlich“ geworden in Sachsen. Die nördlichere Aussprache rückte nun im Gleichschritt mit den siegreichen preußischen Armeen zum „Hochdeutschen“ auf; Dresdens Sprache zog sich in den Sofawinkel der Frühromantik und des Biedermeier zurück. Das Niveau der Dresdner Kunst blieb dabei auf der Höhe der glanzvollen Vergangenheit: Carl Maria von Weber und Richard Wagner waren Hofkapellmeister; Caspar David Friedrich und Gerhard von Kügelgen malten, Robert und Clara Schumann spielten, Gottfried Semper baute für die Dresdner Oberschicht. Ludwig Richter illustrierte Grimms Märchen und brachte mit den Bildreihen „Beschauliches und Erbauliches“ und „Fürs Haus“ das Dresdner Biedermeier in jede gute Stube.

Neues Touristenziel Sächsische Schweiz

Auf der Suche nach Situationen äußerster Verinnerlichung entdeckten die Romantiker das Elbsandsteingebirge. Mit dem Beinamen „Sächsische Schweiz“ avancierte die südliche Umgebung zum Touristenziel. 1804 stand in Bad Schandau das erste Fremdenzimmer bereit, 1807 wurden in einer Höhle den Wanderern Erfrischungen verkauft. Dampfschiff- und Eisenbahnverbindung (1838 sowie 1851) machten es möglich, den Tourismus im großen Stil zu organisieren. Zur gleichen Zeit formulierte Herder das Wort von Dresden als dem „deutschen Florenz“ oder „Elbflorenz“. August der Starke hätte sich diesen Vergleich ebenso verbeten wie die toskanische Metropole den Beinamen „Arnodresden“.

Hinter der Fassade der Bescheidenheit bereitete sich der Aufstieg Sachsens zum ersten Industrieland des Kontinents vor. Schon 1839 verkehrte eine Fernbahn zwischen Leipzig und Dresden, Chemnitz wurde zum „sächsischen Manchester“, Erzgebirge und Vorland entwickelten sich zu Industrielandschaften. Der Reichtum floß zu einem guten Teil in die Hauptstadt, wo nun Fabrikanten und Kaufleute die Rolle der Mäzene übernahmen. Um 1850 erreichte Dresden die 100 000-Einwohner-Marke, am Ende des Jahrhunderts die Halbmillionengrenze. Ist das barocke Dresden das erste der drei Gesichter der heutigen Stadt, entstand das zweite um 1900. Das Elbtal füllte sich mit Vororten im gediegenen Dresdner Sandsteinstil.

Für die Avantgarde gab es derweil eine Vokabel: die „Brücke“. Die Maler Karl Schmidt-Rottluff und Ernst Ludwig Kirchner machten den Ausstellungsbesuchern einigermaßen drastisch klar, daß die Zeit optimistischen Vertrauens auf die Gültigkeit des Augenscheins vorbei war; Otto Mueller projektierte mit seinen schmalen, ecki-

In Dresdens Neustadt hat sich das Barockzeitalter gut erhalten. Dazu gehört das Blockhaus, das auf Zacharias Longuelune zurückgeht. Der Bau wurde 1749/55 durch Johann Christoph Knöffel beendet. Das Blockhaus diente lange Zeit als Neustädter Wache. Davor glänzt das Denkmal Augusts des Starken, der sogenannte Goldene Reiter. Jean Joseph Vinache hat das Denkmal im Jahr 1731 entworfen.

gen Mädchen das Ideal der kommenden Zeit.
Die weibliche Schönheit in Bewegung zu übersetzen, nahmen sich die Tanzschulen von Hellerau vor, wo Émile-Jacques Dalcroze und Mary Wigman ihre Tänzerinnen ausbildeten, darunter eine Sechzehnjährige mit dem Namen Gret Palucca, die die Kontinuität der Dresdner Tanzkunst auf viele Jahrzehnte sichern sollte.
Hellerau war einzigartig in seiner umfassenden Übersetzung der britischen Gartenstadt-Idee auf den Kontinent. Während die wachsende Unzufriedenheit in den schreienden Farben der Maler oder – auf anderer Ebene – in den triumphalen Wahlsiegen der Sozialdemokratie im „roten Sachsen" zum Ausdruck kam, gingen hier die Gründer der Deutschen Werkstätten für Handwerkskunst daran, die Folgen der Industrialisierung zumindest im kleinen Maßstab zu korrigieren: Handwerkliche Fertigungsbedingungen und genossenschaftliches Wohnen in gesunder Umgebung machten die schöne Gartenstadt Hellerau aus.

1918 ausgerufen: Sächsische Republik

Das Bismarckreich endete in Dresden unter der Zirkuskuppel: Im Sarrasani-Bau wurde am 10. November 1918 die sächsische Republik ausgerufen. Im zunehmend zentralisierten Weimarer Staat verlor Sachsen wesentliche Rechte; was blieb, wurde vor aller Augen zur Farce, als 1923 die Berliner Regierung die Reichswehr in Sachsen einmarschieren ließ, um die gewählte Landesregierung abzusetzen. 1934 ging Sachsen in der braunen Einheitsmasse des Hitlerreichs unter. Der Dresdner Erich Kästner war nur einer der Dichter, deren Werke ins Feuer wanderten. Schreiben auf „Säggsch" wurde im Jahr 1936 verboten.
640 000 Einwohner hatte Dresden 1933 und war damit die sechstgrößte Stadt im deutschen Staat. Dann kamen die Katastrophen. Am 13. und 14. Februar 1945 – zwei Tage, nachdem auf der Konferenz von Jalta Dresden der künftigen Sowjetzone zugeteilt worden war – rissen britische und amerikanische Bomberflotten der Stadt das Herz heraus. Für einen kurzen Moment erstand Sachsen aus der Trümmerwüste neu, bevor der nächste deutsche Staat es im Jahr 1952 im Namen der Effektivität wiederum „neugliederte".
In den Jahren ab 1953, dem Beginn des Wiederaufbaus, erhielt Dresden sein drittes, sozialistisches Gesicht: ein ständig neu ausgehandelter Kompromiß zwischen den Planern, die von der rationalen, verkehrsgerechten Stadt träumten, und Dresdner Traditionalisten, die retten wollten, was zu retten war.

Wiederaufbau im Sozialismus

Den ersten Wiederaufbauplan kritisierte Walter Ulbricht auf bezeichnendem Niveau mit den Worten: „Genossen, ihr baut zu viele Häuser an die Stellen, wo vorher welche standen!" Einige der radikalsten Ideen der Planer, etwa ein ostblocktypischer Kulturpalast nach Moskauer Vorbild oder eine Schnellstraße quer durch den Schloßbezirk, wurden nie verwirklicht. Den Denkmalschützern gelang die Rettung von so manchem bedeutenden Kunstwerk, andere wurden planmäßig beseitigt.
Der Wiederaufbau blieb Mitte der 70er Jahre stecken. Danach galten Aufwand und Einsatz vor allem dem Wiederaufbau der großen Sehenswürdigkeiten – Anstrengungen, die sich bis heute am Schloß und neuerdings auch an der Frauenkirche fortsetzen. Dresdens Einwohnerzahl, die vor der Wende bei 520 000 lag, fiel auf 480 000 – Platz 15 der Städte der Bundesrepublik.
Die zuvor leeren Flächen der zerstörten Innenstadt werden nun zügig bebaut; die Denkmalschützer, die den sozialistischen Wiederaufbau als „zweite Zerstörung Dresdens" kritisierten, fürchten nun eine „dritte Zerstörung". Aber im oberen Elbtal hat man Übung darin, sich für die Kunstschätze einzusetzen.

Alle Kunstwanderungen in und um Dresden zeigt die Übersichtskarte auf einen Blick. Die jeweils in einem Kapitel beschriebenen Orte sind mit Punkten gleicher Farbe gekennzeichnet. Angrenzende Regionen behandeln die folgenden HB-Kunstführer: No. 55 „Potsdam – Brandenburg" und No. 57 „Thüringen".

Kunstwanderungen auf den Seiten: ● 10 bis 41, ● 42 bis 49, ● 50 bis 57, ● 58 bis 69, ● 70 bis 75

Unvergeßlich ist ein Besuch der 1871/78 errichteten Dresdner Semperoper, die einen Höhepunkt in der Theaterbaugeschichte Europas darstellt. Das obere Vestibül präsentiert sich als dreischiffige Halle, deren Kreuzgewölbe auf Doppelsäulen und Pilastern aus grünlichem Stuckmarmor ruht. In den Lünetten ziehen Landschaftsbilder die Blicke auf sich, die zum Teil nach Aquarellen beispielsweise von Friedrich Preller rekonstruiert worden sind.

Dresdens

Am Altstädter Ufer, dessen Barockkleid Canaletto festhielt, begeistern die machtvolle Semperoper mit ihrem wertvollen Interieur, die Hofkirche sowie die Brühlsche Terrasse mit Kunstakademie und Albertinum. Das Neustädter Ufer wird geprägt durch das Blockhaus und das Japanische Palais. Diese Elbseite war beliebtes Sujet Kokoschkas.

Einige der bedeutendsten Bauten in der Stadt **Dresden** stehen an den beiden Seiten der Elbe und bilden die Schauseite der Stadt. Die zwei Panoramen haben immer wieder Maler inspiriert, darunter den Hofmaler Bernardo Bellotto, genannt Canaletto, und Oskar Kokoschka, der 1919 eine Professur an der Dresdner Kunstakademie erhalten hatte.

Canaletto (1721–1780) wurde 1747 von August III. nach Dresden berufen, um den neuen Glanz der Residenzstadt festzuhalten. Von seinen 18 Ansichten Dresdens ist vor allem das Altstädter Elbpanorama mit der Hofkirche und der Brühlschen Terrasse berühmt geworden. Für dieses Panorama vom gegenüberliegenden Ufer hat sich der Name Canaletto-Blick eingebürgert.

Genau zweihundert Jahre nach Canalettos Tod starb Oskar Kokoschka (1886 bis 1980), der Dresden immer wieder von der anderen Seite der Elbe festgehalten hatte: Von seinem Atelier in der Kunstakademie an der Brühlschen Terrasse malte der Kunstprofessor mehrfach den Prospekt von seinem Fenster aus: die Elbe mit dem Neustädter Ufer, die Augustusbrücke und den weiten Dresdner Himmel.

Auf einem Rundgang entlang der Elbufer kann diesen Maler-Blicken nachgegangen werden. Einiges hat sich verändert, anderes ist erhalten geblieben oder wurde wieder aufgebaut.

Erste Station der **Altstadt** ist der Erlweinspeicher (1) (Ziffern entsprechen dem Stadtplan auf Seite 14) links der Elbe. Bereits im frühen 19. Jahrhundert befand sich hier eine Anlege- und Entladestelle – der Packhof. 1912/14 schuf Stadtbaurat Hans Erlwein den 39 Meter hohen Speicher, einen Stahl-Betonbau mit neun Speicherböden und 20 000 Quadratmetern Lagerfläche.

Verpflichtet der Zweckmäßigkeit, Klarheit und Schlichtheit, einer lockeren Gliederung des Aufbaus und der Einordnung in die Umgebung, entwarf Erlwein zwischen 1904 und 1914 für Dresden rund 120 Bauten. Ausgerechnet der sanierungsbedürftige Elbspeicher wurde sein Denkmal.

Weiter die Devrientstraße hinauf, erreicht man das in den Jahren 1928/31 von Paul Wolf für das Landesfinanzamt und die Zollverwaltung errichtete Gebäude. 1945 zur Hälfte zerstört, beherbergte es bis 1989 die Bezirks- und Stadtleitung der SED. Für den seit 1990 hier residierenden Sächsischen Landtag (2) wurde 1992/93 ein Plenarsaal angebaut, ein Stahl-Glasbau, entworfen von Peter Kulka aus Aachen.

Am Theaterplatz folgt die berühmte Semperoper (3). An ihrer Stelle stand bereits Gottfried Sempers erstes Hoftheater (1838/41) im Stil der italienischen Frührenaissance, das 1869 einem Brand zum Opfer fiel. Dieser dreigeschossige Sandsteinbau hatte den Architekten, der bereits mit 31 Jahren Professor der Baukunst an der Kunstakademie Dresden war, berühmt gemacht.

1870 beauftragte König Johann wiederum Semper mit

Prachtbauten an beiden Elbufern

dem Bau des neuen Opernhauses. Leicht wird ihm das nicht gefallen sein, denn der Baumeister war bis 1869 ein steckbrieflich gesuchter Hochverräter. Semper zog es dann auch vor, den Bau nicht selbst zu leiten. Er übertrug diese Aufgabe seinem Sohn, Manfred Semper, und lieferte selbst nur die Entwürfe. Der Bau begann am 17. Februar 1871 und wurde am 2. Februar 1878 abgeschlossen.

Anders als das Haus von 1841 zeigt die zweite Semper-Oper Formen der Hochrenaissance. Anstelle des Halbkreises trat ein zweigeschossiger Arkadenbau in Form eines Segmentbogens. In dem zurückgesetzten dritten Stockwerk wiederholt sich der Segmentbogen noch einmal. Die letzte Stufe bildet der fast schmucklose, antikisch gestaltete Giebel des Bühnenhauses.

Die Mitte betont eine breite Exedra unter halbkreisförmiger Nische, gekrönt von der Panther-Quadriga Johann Schillings und flankiert von den sitzenden Figuren Ernst Rietschels, Goethe und Schiller. Vier weitere Plastiken – Shakespeare, Sophokles, Molière und Euripides – befinden sich rechts und links. Gefertigt von Ernst Julius Hähnel, stammen sie noch von der ersten Semper-Oper.

Die Innenräume des traditionellen Rangtheaters wurden überaus prachtvoll gestaltet. Wie in augusteischer Zeit wurden noch einmal alle Künste zusammengeführt und alle Materialien aufgeboten, arbeiteten Architekten und Handwerker, Maler und Bildhauer in Marmor und Stuckmarmor, mit Metallen, Hölzern und Stoffen.

Opern-Wiederaufbau ab 1968 nach Plänen G. Sempers

Am 13. Februar 1945 brannte das Theater aus. Nach Sicherungsarbeiten bis 1955 und nach der Projektierung des Wiederaufbaus seit 1968 begann die Rekonstruktion des Opernhauses 1977. Über 80 Bildhauer und Maler stellten die Innenräume nach der Semperschen Fassung wieder her. Konnte in einigen Fällen auf Pläne, erhaltene Entwürfe oder Reste am Bau selbst zurückgegriffen werden, mußte doch oft nachempfunden werden. Ähnlich war es mit den alten Techniken, die buchstäblich neu erlernt werden mußten. Der Zuschauerraum, abweichend von der Semperschen Fassung, faßt in vier Rängen 1323 Plätze. Am 13. Februar 1985 wurde das Haus mit Webers „Freischütz" wiedereröffnet. Semper hat sein Signet am Bau hinterlassen, sein Porträt an der Rückseite der Oper.

Zeitgleich mit der Rekonstruktion der Semper-Oper wurden an der Ostra-Allee und hinter der Oper die Funktionsgebäude – Theaterwerkstätten, Probebühne – in modernem Stil errichtet. Das Gebäude hinter der Oper ist ein Beispiel angemessener Verbindung von sachlich-funktionalem Bauen mit historischer Architektur.

Das Standbild von König Johann auf dem Platz vor der Oper schuf 1889 Johannes Schilling. Johann, König von 1854 bis 1873, war ein gebildeter und vielseitig interessierter Mann. Unter dem Pseudonym Philalethes übersetzte er Dantes „Göttliche Komödie", Horaz, Ovid, Milton und schrieb auch eigene Gedichte und Libretti.

Dichter und Denker bei König Johann

In Abendgesellschaften versammelte er einen Kreis von Dichtern und Gelehrten um sich, unter anderem Carl Gustav Carus und Ludwig Tieck.

Obwohl entschiedener Legitimist, trug Johann als Prinz maßgeblich den Reformprozeß mit, der den revolutionären Unruhen des Jahres 1830 folgte. Als König war er weniger glücklich. Dem Juristen ging das gewinnende Wesen seines Vorgängers ab. Hinzu kam, daß er keine eigentlich politische Natur war. Er betrachtete auch die außenpolitischen Probleme rein als Rechts-, nicht als Machtfragen. Daraus ergab sich eine gewisse Starrheit, die im Verein mit Johanns

Semperoper: Prächtig ausgestaltet ist die Exedra, das triumphtorartige Hauptportal. Die Kalotte der Nische – unterhalb der Pantherquadriga – wurde von Paul Kießling in der Farbigkeit einer frühmittelalterlichen Kirche bemalt. Dargestellt sind drei Grazien sowie Marsyas und Apoll. Der Silen oder Quelldämon Marsyas, der eine große Fertigkeit im Flötenspiel erreichte, soll die Panflöte erfunden haben. Einer Sage zufolge hat er Apoll, den Sohn des Zeus, zum musikalischen Wettkampf herausgefordert, den er natürlich verlor.

strengem Konservatismus wenig günstig war.

1911 entwarf Hans Erlwein die Gaststätte, die, bis 1913 fertiggestellt, den Namen Italienisches Dörfchen (4) verliehen bekam. 1945 zerbombt, wurde das Sandsteingebäude, das Formen des Neuklassizismus zeigt, 1956 wiederaufgebaut. 1991/93 wurde es aufwendig restauriert und erstrahlt nun in alter Pracht. Die Fassaden werden gegliedert von Pilastern und hohen rundbogigen Fenstertüren. Der Figurenschmuck stammt aus der Werkstatt Georg Wrbas, des führenden Meisters des Dresdner Neobarock.

Das Lokal erhielt seinen Namen von der Ansiedlung, die 1737 auf dem Theaterplatz errichtet worden war. Es bestand aus 31 kleinen Häusern, nur ein Geschoß hoch, die als Arbeiterunterkünfte während des Baus der katholischen Hofkirche dienten. Ein Teil von ihnen fiel, als Gottfried Semper mit dem Bau des ersten Hoftheaters begann, der andere Teil, bis auf einige Anwesen an der Elbe, verschwand zwischen 1849 und 1856.

Die schönen Kaffeesäle im Hauptbau gestaltete Otto Gußmann: Im großen Saal sind zu sehen eine barockisierende Stuckdecke und klassizierende farbige Wandvertäfelungen mit Genreszenen und Blumenstücken. Im kleinen Saal befindet sich eine Kassettendecke im Stil der Renaissance.

Den Auftrag zum Bau der Hofkirche (5), der schönsten Kirche der Stadt, vielleicht Sachsens überhaupt, gab August III. Die Kunststadt Dresden verdankt ihm, der im Gegensatz zum Vater ein gläubiger Katholik war, die einzige Kirche im römischen Barock nördlich der Alpen. Neben Zwinger und Frauenkirche ist die Hofkirche das dritte der barocken Denkmale, die Dresdens Ruhm ausmachen.

Gaetano Chiaveri entwarf Hofkirche im Barockstil

Der Bau wurde 1737 von Baumeister Gaetano Chiaveri entworfen und bis 1747 von ihm betreut. Nachdem Chiaveri Dresden verlassen hatte, wurde die Kirche von Sebastian Wetzel sowie den Oberlandbaumeistern Johann Christoph Knöffel und Julius Heinrich Schwarze bis zum Jahr 1754 vollendet.

Die ganz aus Pirnaer Sandstein errichtete Basilika teilt sich in ein Haupt- und zwei Nebenschiffe mit vier Eckkapellen (Kreuz-, Sakraments-, Benno- und Nepomuk-Kapelle) und einen Prozessionsumgang. Der Turm, 85,5 Meter hoch, entwickelt sich aus ovalem Grundriß vier Stockwerke hinauf ins Rund, in immer leichterer, aufgelöster Form. Er erhielt die Inschrift: „Gott, dem Einzigen und Höchsten, hat diesen heiligen Tempel August III. erbaut 1754“. Der beeindruckende Figurenschmuck auf den Balustraden des Hochschiffes und der Seitenschiffe – 78 Heilige, Apostel und Kir-

Links: 1871 begann Gottfried Semper mit dem Bau der neuen Oper – etwas zurückversetzt, um den Theaterplatz zu schaffen. Der Prachtbau wurde im Stil der Hochrenaissance gestaltet. Vor den Foyergalerien erhebt sich in der Mittelachse eine Exedra mit Nische, bekrönt durch eine Pantherquadriga mit Dionysos und Ariadne von Johannes Schilling. Von ihm ist auch das Standbild von König Johann (1889) vor der Oper.

Dresdens Sehenswürdigkeiten:

1 Erlweinspeicher
2 Sächsischer Landtag
3 Semperoper
4 „Italienisches Dörfchen"
5 Hofkirche
6 Ständehaus
7 Sekundogenitur
8 Kunstakademie
9 Kasematten
10 Albertinum
11 Hofgärtnerhaus
12 Gedenkstele der Synagoge
13 Moritzmonument
14 Staatskanzlei
15 Finanzministerium
16 Goldener Reiter
17 Blockhaus
18 Kollegienhaus
19 Japanisches Palais
20 Zwinger
21 Kreuzkirche
22 Kulturpalast
23 Landhaus/Stadtmuseum
24 Gaststätte „Am Zwinger"
25 Residenzschloß
26 Türkenbrunnen
27 Altstädter Hauptwache
28 Taschenbergpalais
29 Frauenkirche
30 Neues Rathaus
31 Gewandhaus
32 Annenkirche
33 Yenidze
34 Palais-Brühl-Marcolini
35 Kügelgenhaus
36 Torhaus
37 Dreikönigskirche
38 Hochhaus der Verkehrsbetriebe
39 Pfundscher Milchladen
40 Schloß Albrechtsberg
41 Villa Stockhausen
42 Schloß Eckberg
43 Leonhardi-Museum
44 Park-Hotel
45 Versöhnungskirche
46 Johannisfriedhof
47 Pfarrkirche von Leubnitz-Neustra
48 Christuskirche
49 Palais im Großen Garten
50 Stadthaus Johannstadt
51 Kupferstich-Kabinett
52 Museum für Sächsische Volkskunst
53 Deutsches Hygiene-Museum

chenfürsten – stammt von Lorenzo Matielli. An der Turmfront finden sich die vier Evangelisten.
Das Innere der Kirche ist hell, fast kühl gehalten. Weiß, Gelb, Gold und Grün sind die Hauptfarben. Die Ausstattung ist zurückhaltend kostbar. Das Altargemälde mit der Himmelfahrt Christi (1752/65) stammt von Anton Raphael Mengs, die Orgel ist das letzte Werk Gottfried Silbermanns. Die Kanzel fertigte der Zwingerbildhauer Balthasar Permoser 1712, den Schalldeckel fügte 1750 Johann Joseph Hackl hinzu. Das über vier Meter hohe Kruzifix schuf Joseph Ignaz Bauer.

Herrschergruft für Katholiken

In den vier Grüften ruhen in 49 Sarkophagen die katholischen Kurfürsten und Könige Sachsens und ihre nächsten Angehörigen. Der erste katholische Kurfürst und König ist in Krakau bestattet worden. Nur sein Herz wurde entnommen und in Dresden beigesetzt.
Bereits 1946 begann der Wiederaufbau der Kirche unter der Leitung von Hubert Georg Ermisch. Bis 1954 stand der Außenbau, 1962 wurde das Gotteshaus geweiht. In der Nepomuk-Kapelle befindet sich seit 1973 eine Gedenkstätte für die Opfer des Bombenangriffes vom 13. und 14. 2. 45. Die Pieta fertigte 1975 Friedrich Press aus Meißner Porzellan. 1980 erhob ein vatikanisches Dekret die Hofkirche zur Kathedrale St. Trinitatis des Bistums Dresden/Meißen.
Öffnungszeiten: Mai bis Oktober Montag bis Donnerstag 9–17 Uhr, Freitag 13–17.00 Uhr, Samstag 10.30–16.00 Uhr, November bis April 10.30–17.00 Uhr, Sonntag jeweils 12.00–16.00 Uhr.

1737 beauftragte August III., Nachfolger Augusts des Starken, den Architekten Gaetano Chiaveri mit dem Bau der katholischen Hofkirche am Theaterplatz. In unmittelbarer Nähe zum Schloß entstand unter dem Italiener, der mit einem Troß von Handwerkern angereist kam, eine dreischiffige Basilika mit vier Eckkapellen und einem Prozessionsumgang. Mit ihrem fast 85 Meter hohen Turm setzt die Kirche, die mit ihrem römischen Barockstil einzigartig ist nördlich der Alpen, einen wichtigen Akzent in der Stadtsilhouette.

Vorbei an der Hofkirche gelangt man über den Schloßplatz zum Ständehaus (6), das 1901/06 an der Stelle des Brühlschen Palais errichtet wurde. Es diente als Tagungsort des sächsischen Landtags. Unentschieden zwischen Neorenaissance und Neobarock, steht der Bau Paul Wallots wuchtig, fremd und ziemlich düster in der Landschaft. Im Ständehaus befinden sich das Landesamt für Denkmalpflege und das Staatliche Museum für Mineralogie und Geologie.
Öffnungszeiten: Mittwoch bis Montag 10–13, 14–16 Uhr, Samstag, Sonntag 10–16 Uhr.

Umbauten an der Augustusbrücke

Der Bau der Augustusbrücke begann, archäologischen Untersuchungen zufolge, um 1180. Erst seit 1319 erhielten die 25 Brückenpfeiler, die bis dahin eine Holzkonstruktion trugen, ihre steinernen Brükkenbögen. Befestigungswerke, der Ausbau des Schlosses und der Bau der Hofkirche verschütteten bis 1737 sieben Pfeiler. Der Umbau der Brücke, 1727/31 durch Matthäus Daniel Pöppelmann (1662–1736) und Johann Gottfried Fehre, erhöhte und verbreiterte den nach Kurfürst Friedrich August I. benannten Flußübergang. Den Neubau der heutigen Augustusbrücke – 328 Meter lang und

Das Reiterdenkmal auf dem Theaterplatz schuf Johannes Schilling 1889 für den gelehrten Sachsenkönig Johann. Der hohe, von vier Kandelabern umgebene Sockel zeigt einen Fries mit Szenen aus Verkehr, Handel und Industrie. Majestätisch ist die Haltung des Königs mit Zepter und Mantel. Das Werk zeigt sich dem Vorbild des großen Reiterdenkmals von Christian Daniel Rauch für Friedrich den Großen verpflichtet.

„Dresden-Neustadt VII“ von 1922 ist das größte von Oskar Kokoschkas Gemälden vom Elbufer. Dafür brauchte er nicht im Freien zu skizzieren: Er hatte diesen Blick aus seinem Atelier in der Kunstakademie. Frontal ist das gegenüberliegende Ufer mit den Gebäuden an den Elbwiesen und dem Turm der Dreikönigskirche dargestellt. Im Unterschied zu den Fassungen von 1921 ist die strenge Horizontale der Landschaft in leuchtende Farbfelder und -flecken aufgelöst. Die räumliche Illusion ist fast aufgehoben.

mit neun Bögen – besorgten 1907/10 der Architekt Wilhelm Kreis sowie der Ingenieur Hermann Klette. Der Wiederaufbau der Brücke, die 1945 gesprengt worden war, dauerte bis 1949.

Letzter Abschnitt der Festungsanlagen: Brühlsche Terrasse

Die Brühlsche Terrasse entstand zwischen 1550 und 1589/91 als letzter Abschnitt der Dresdner Festung und hieß „die neue Vestung oder Berg am Ziegelthor“. Die östlich abschließende große Bastion nannte man die Jungfer, auch Jungfernberg, woraus auf Befehl Augusts des Starken 1721 die Venus wurde. 1739 begann August III., Grundstücke der Wallanlagen zu verschenken. Die bevorzugte Lage an der Elbe erhielt der „Königlich polnische und kurfürstlich sächsische Premierminister“ Heinrich Graf von Brühl, der Johann Christoph Knöffel mit der Anlage und baulichen Ausgestaltung eines Gartens beauftragte. Knöffel baute das Brühlsche Palais, die Galerie und ein Gartenhaus.
Als 1747 das bis 1622 errichtete erste Belvedere auf der Bastion Venus explodierte, entstand bis 1751 das zweite Belvedere, ein Höhepunkt des Dresdner Rokoko. Lange stand es nicht. Preußens König Friedrich II., der in Dresden jede Größe vermissen ließ, befahl 1759 seine Zerstörung. Von all den „Brühlschen Herrlichkeiten“ haben Krieg und Bauwut fast nichts übriggelassen. Allein die Knöffelschen Sphingen und der Delphinbrunnen von 1750 erinnern noch an sie.
Die berühmte Freitreppe zur Brühlschen Terrasse wurde 1814 angelegt, unter dem „Gouvernement der Hohen verbündeten Mächte“, das bis November 1814 in den Händen des russischen Generalleutnants Nicolai Grigorjewitsch Fürst Repnin-Wolkonsky lag. Die Bauausführung stand unter der Leitung Gottlob Friedrich Thormeyers. Die Figurengruppen der „Tageszeiten“ schuf Johannes Schilling. Aufgestellt wurden sie 1864/71.
Das Sekundogenitur (7), ein zurückhaltender, vornehmer Bau des Neobarock, entstand in den Grundmauern der ehemaligen Brühlschen Bibliothek 1896/97. Architekt war Gustav Fröhlich. Sekundogenitur heißt das Gebäude, weil es bis 1918 die Bibliothek des zweitgeborenen Prinzen enthielt. 1945 zerstört, wurde das Gebäude 1957/64 wiederhergestellt und dient seither als Gaststätte. Ebenfalls von Johannes Schilling ist die Büste Ernst Rietschels, angefertigt 1872. An dieser Stelle befand sich bis 1872 das Gartenhaus Brühls, in dem Rietschel bis 1859 sein Atelier hatte.

Zwei Bauten der Kunstakademie

1891/94 wurde an die Stelle der Brühlschen Gemäldegalerie und des Cafés Reale die Kunstakademie (8) mit dem Kunstausstellungsgebäude errichtet. Der von Constantin Lipsius 1885 entworfene Komplex verbindet Elemente der Neorenais-

Rechts: Vor einem wolkenschweren Dresdner Himmel glänzt der Goldene Reiter. Das Denkmal vor dem Blockhaus auf dem Neustädter Markt zeigt in antikischer Tracht den Kurfürsten Friedrich August I. – August den Starken – bei einer Übung der spanischen Reitschule. August trägt das Kostüm eines römischen Caesaren.

sance mit dem Schmuckbedürfnis des Historismus und dem Größenwahn der Zeit. Die Glaskuppel, Zitronenpresse genannt, macht das Fehlen der Frauenkirche noch fühlbarer.
Die vergoldeten Engel auf den Seitenrisaliten heißen Phantasus und Eros, das fanfareblasende goldene Frauenzimmer obendrauf ist die Fama. Alle drei sind Arbeiten von Robert Henze. Im Giebel des Ausstellungsbaus befindet sich die letzte größere Arbeit Johannes Schillings, eine die Künste versammelnde Saxonia.
Die Hauptmotive des Bildprogramms sind die großen Epochen der Kunstgeschichte, die Kunstgattungen und das künstlerische Schaffen selbst. Die fünf Putten auf dem Gesims des rechten Anbaus etwa verkörpern Landschafts-, Tier-, Kostüm-, Porträt- und Aktstudium. Auf diese Terrasse mündete der Glasanbau von Kokoschkas Atelier, der leider verschwunden ist. Nur die helle Stelle an der Hauswand erinnert noch an ihn.
Am Georg-Treu-Platz stellt eine Skulptur Gottfried Semper dar – mit dem Plan seiner ersten Oper. Die Plastik wurde 1892 von Schilling geschaffen. Neben der Treppe befindet sich der Eingang zu den Kasematten (9), die besichtigt werden können.
Öffnungszeiten: April bis Oktober täglich 10–17 Uhr, November bis März täglich 10–16 Uhr.

Das Albertinum – einst Zeughaus – wurde Museum

Das Albertinum (10) geht auf das alte Zeughaus zurück, erbaut 1559/63 unter Caspar Voigt von Wierandt und Melchior Trost. Mit dem Bau des neuen Arsenals in der Albertstadt frei geworden, wurde das Gebäude unter Karl Adolf Canzler zu einem Museum umgebaut. Das beeindruckende Treppenhaus des Vorgängerbaus wurde einbezogen. Nach vier Jahren Bauzeit 1888 eingeweiht, erhielt das Gebäude den Namen Albertinum nach König Albert, der von 1873 bis 1902 regierte. 1945 wurde das Albertinum schwer beschädigt. Seit dem Wiederaufbau 1961/64 beherbergt das Albertinum die *Galerie Neue Meister*, die *Skulpturen- und die Münzsammlung*, seit 1971 auch die Sammlung des *Grünen Gewölbes* (s. Museumskapitel Seite 82).
Öffnungszeiten: Freitag bis Mittwoch 10–18 Uhr.
Den Abschluß der Brühlschen Terrasse bildet das 1752 errichtete Hofgärtnerhaus (11), das heute von der Reformierten Gemeinde genutzt wird. Unterhalb des Gebäudes befindet sich der „Bärenzwinger", ein 1966/68 in die Kasematten eingebauter Studentenclub.
Die bürgerliche Gleichstellung der Juden erfolgte in Sachsen spät, erst 1837. Immerhin war damit der Weg frei zur Gründung der Israelitischen Religionsgemeinde und zum Bau einer Synagoge in Dresden. Die Mittel brachte ein Aktienverein zusammen, den Entwurf des romanischen Gebäudes lieferte Gottfried Semper. Am 9. November 1938, achtundneunzig Jahre nach der Fertigstellung, legten die Nazis in der Synagoge Feuer, die Ruine wurde kurze Zeit später gesprengt. Die Stelle markiert seit 1975 eine Gedenkstele (12). Ein am 29. Oktober 1996 gegründeter Förderverein – die Schirmherrschaft haben der Ministerpräsident und die Landesbischöfe der großen Kirchen übernommen – unterstützt die Jüdische Gemeinde beim Bau einer neuen Synagoge, ganz in der Nähe des alten Standorts. Der Grundstein soll 1998 gelegt werden.
Entlang einer Grünanlage – sie bezeichnet den verschütteten Gondelhafen – gelangt man an das Moritzmonument (13). Moritz, der öfter die

Bündnisse wechselte, erwarb den Titel „Judas von Meißen“ und 1547 den Kurhut. 1553 starb er in der Schlacht bei Sievershausen, durch einen Schuß in den Rücken. Das Denkmal zeigt, wie Moritz das Kurschwert an seinen Bruder August übergibt. Hans Walther schuf die Szene im Jahr 1555.

Über die Carolabrücke gelangt man an das von Kokoschka so oft gemalte Ufer der **Neustadt**. Die Ministerien, zwei wuchtige Repräsentationsgebäude, wurden um die Jahrhundertwende in die rechtselbische Front hineingebaut. Die Staatskanzlei (14) in der Archivstraße 1 sollte als Pendant zum Japanischen Palais dienen. Der neubarocke, viergeschossige Bau wurde als Gesamtministerium in der Zeit um 1900 bis 1904 um zwei Höfe errichtet.

Am Carolaplatz entstand 1889/96 das Finanzministerium (15) in den Formen der Neorenaissance. Die Hauptschauseite zeigt zur Elbe. Das Giebelfeld des Mittelrisalits zeigt auf Majolikaplatten eine Saxonia, der die Ressourcen des Landes dargebracht werden.

Anders als die Altstadt wurde die Neustadt 1945 nicht völlig zerstört. So blieben neben Bauten des Hofes auch Zeugnisse der bürgerlichen Architektur des Barockzeitalters erhalten. Der Aufstieg der barocken Neustadt begann mit einem Unglück, dem Feuer, das 1685 fast ganz „Altendresden“ in Schutt und Asche legte. Mit dem Wiederaufbau, nach dem Plan Wolf Caspar von Klengels und vorangetrieben vor allem durch August den Starken, entstand eine gänzlich neue Stadt, die folgerichtig umbenannt wurde in „Neue Stadt bey Dresden“.

Goldener Reiter zeigt eine Courbette

Auf dem Neustädter Markt steht das Denkmal Augusts des Starken, der Goldene Reiter (16). Dargestellt ist eine Courbette, eine Übung der spanischen Reitschule. August hat Haltung und Kostüm eines römischen Caesaren. Jean Joseph Vinache war es, der das Denkmal 1731 entworfen hat. 1733 wurde das Werk in Kupfer getrieben. Der ausführende Meister war Ludwig Wiedemann, Kunst-Kanonenschmied und Captain der sächsischen Armee. Erst im Jahr 1736 wurde der Goldene Reiter aufgestellt.

Das barocke Blockhaus (17) geht auf mehrfach geänderte Pläne von Zacharias Longuelunes zurück. 1732 wurde in der Achse der Hauptstraße der Grundstein gelegt, der Bau aber erst 1749/55 durch Johann Christoph Knöffel beendet. Das Blockhaus diente meist militärischen Zwecken, als Neustädter Wache, Gouvernementshaus und ab 1831 als Kriegsministerium. 1849 wurde von hier aus die Niederschlagung des Maiaufstands geleitet.

Der Bombenangriff vom Februar 1945 hinterließ eine ausgebrannte Ruine. Der Wiederaufbau von 1974/82 stellte den 1892 verbauten barocken Zustand wenigstens außen wieder her.

Am Bau des Kollegienhauses (18) an der Großen Meißner Straße soll 1723 George Bähr (1666–1738) mitgewirkt haben. An dessen Umgestaltung arbeiteten seit 1733 Matthäus Daniel Pöppelmann und Andreas Adam. August der Starke hatte es erworben und ließ es für Verwaltungszwecke umbauen. Im Volksmund hieß das Gebäude denn auch nur „Die Regierung“.

Den Bomben und der Niederlegung der Ruinen entgangen, sollte es 1982 dem Neubau des Hotels Bellevue zum Opfer fallen. Proteste der Bevölkerung und das Verhandlungsgeschick der Denkmalpfleger konnten das Haus retten: Bis 1985 wurde es denkmalsgerecht saniert und in den Hotelbau einbezogen.

Japanisches Palais: einst Wohnsitz eines Holländers

Beeindruckend ist das Japanische Palais (19). Im Jahr 1715 ließ Gouverneur Graf Jacob Heinrich von Flemming in seinem Garten ein bescheidenes Palais errichten. Nach dem holländischen Gesandten Harsolde von Craneburg, der es bewohnte, hieß die Anlage Holländisches Palais. König August gefiel die Lage am Wasser, also kaufte er 1717 das „Alt Dresdener Haus“. Umgebaut diente das Palais den rau-

schenden Festlichkeiten anläßlich der Hochzeit des Kurprinzen mit der Habsburger Prinzessin Maria Josepha im Jahr 1719. Um die große Porzellansammlung des Hofes unterzubringen, folgten 1727/31 die Um- und Aufbauarbeiten zum „Porzellanschloß", dem vierflügeligen Japanischen Palais. Zacharias Longuelune entwarf die Elbfront, Pöppelmann die Hoffassade, die Matthäus Oberschall schließlich mit Japaner-Hermen versah.
Die Platzfront wurde gestaltet von Jean de Bodt. Das Obergeschoß ist mit Doppelsäulen versehen. Johann Benjamin Thomae fertigte die Szene im Dreiecksgiebel: Mit Porzellangefäßen huldigen Chinesen und Sachsen der Saxonia. Seitlich des Giebels stehen als Eckfiguren Europa und Asien, die beiden Kontinente, aus denen das Porzellan kam. 1782 begann der Umbau zum Museum, das von 1786 bis zur Eröffnung des Albertinums im Jahr 1888 die Antikensammlung, das Münzkabinett und die Landesbibliothek beherbergte. Die Innenräume im Erdgeschoß, wo die Skulpturen ausgestellt wurden, gestaltete in den Jahren 1835/36 Gottfried Semper antikisierend.
Den letzten Umbau zu einer modernen Bibliothek 1927/35 durch Hubert Georg Ermisch vernichtete der Krieg – das Palais brannte aus. Der Wiederaufbau begann 1952, genutzt wird das Gebäude seit 1957 vom Landesmuseum für Vorgeschichte und vom Völkerkundemuseum. Seit 1993 hat auch das neugeschaffene Landesamt für Archäologie hier seinen Sitz.
Öffnungszeiten: Dienstag bis Donnerstag, Samstag und Sonntag 10–17 Uhr.

Am Palais: Königsdenkmal

Das Denkmal König Friedrich August I. (Kurfürst Friedrich August III.) an der Westseite des Palais war der erste große Auftrag Ernst Rietschels. 1843 wurde es im Zwinger aufgestellt und 1928 hierher versetzt. Die vier Eckfiguren um die Sitzfigur stellen Gerechtigkeit, Milde, Weisheit und Frömmigkeit dar.
Friedrich August verlor den Vater, den reformfreudigen Kurfürsten Friedrich Christian, 1763 durch die Blattern und gelangte minderjährig zur Nachfolge. Bis zu seiner Volljährigkeit 1768 vertrat ihn Prinz Xaver. 1806 mit den Preußen bei Jena und Auerstedt geschlagen, trat er dem Rheinbund bei. Napoleon honorierte diesen Schritt mit der Königswürde. 1813 in Leipzig gefangen und 1814 in ein halbiertes Land entlassen, regierte Friedrich August bis 1827.
Der erste *Palaisgarten* war ein Terrassengarten nach französischem Muster, reich geschmückt mit Barockplastiken und mit einem Gondelhafen versehen. Der Hügel an der Westseite, der „Kanonenberg", ist ein Rest der „Mühlen-Bastay": Hier war die Rampe, über die sie begehbar war. Nach dem Niederlegen der Festung wurde die Anlage 1820/31 erweitert und im englischen Stil umgestaltet. Einen weiteren Rest der Befestigung, ein Reduit unterhalb der Bastion, sieht man von der Elbseite aus. In dessen aktiver Zeit hätte man hier im Wasser gestanden. Von hier aus malte Canaletto seine berühmte Ansicht der Altstädter Elbfront.

Links: Einer der bedeutendsten und repräsentativsten Barockbauten der Residenzstadt ist das Japanische Palais, das malerisch an den Elbwiesen des Neustädter Elbufers liegt. Es entstand in den Jahren 1727/31 durch den Umbau eines Vorgängergebäudes. Architekt Zacharias Longuelune entwarf die hier zu sehende Elbfront, Matthäus Daniel Pöppelmann die Hoffassade. Die Platzfront wurde gestaltet von Jean de Bodt.

Japanisches Palais: Die Platzfront zur Neustadt zeigt ein Obergeschoß mit Doppelsäulen, Attika und Giebel. Im Tympanonrelief huldigen Chinesen und Sachsen August dem Starken, indem sie der thronenden Saxonia Porzellangefäße überreichen. Seitlich des Giebels stehen als Eckfiguren Europa und Asien, Kontinente, in denen damals Porzellan produziert wurde. Einst wollte man in dem Gebäude die Porzellansammlung des Kurfürsten unterbringen.

Einen Höhepunkt der Dresdner Zwingeranlage bildet der zwischen den Bogengalerien gelegene Wallpavillon, bei dem Pöppelmann sein ganzes Können zeigte. Der 1719 eingeweihte Pavillon ruht auf einem großzügig ausschwingenden Treppenplateau. Harmonisch wechseln konkave und konvexe Bauelemente einander ab. Die reiche Bauplastik stammt von Balthasar Permoser. Über dem kursächsischen Wappen ließ er Herkules die Weltkugel tragen.

Der Zwinger: Pavillons

Ein Publikumsmagnet ist Dresdens Wahrzeichen, der Zwinger. Im augusteischen Zeitalter blühte hier die barocke Festkultur. Zu den baukünstlerischen Höhepunkten gehören Kronentor und Wallpavillon. Architekt Pöppelmann gab hier sein Bestes, die hervorragende Bauplastik stammt von Permoser. Genial ist die Einheit ihrer beider Arbeiten.

Der Zwinger (20) (Ziffern entsprechen dem Stadtplan auf Seite 14), **Dresdens** Wahrzeichen und Inbegriff des sächsischen Barock, liegt im Westen der historischen **Altstadt**, zwischen Theaterplatz, Postplatz und Ostra-Allee. Sechs zweigeschossige Pavillons und das Kronentor, miteinander durch Bogen- und Langgalerien verbunden, umschließen den Zwingerhof von drei Seiten. Den Abschluß im Norden bildet das Sempersche Galeriegebäude (siehe Grundriß Seite 23).

Der Zwinger ist in seiner Einzig- und Eigenartigkeit nur vor dem Hintergrund der barocken Festkultur des augusteischen Zeitalters zu verstehen. Schon der Name ist seltsam. Zwinger – aus dem mittelhochdeutschen twingaere, der da zwingt – hieß der befestigte Raum zwischen Stadtmauer und Vormauer oder Graben. Da diese Räume auch zivil genutzt wurden, als Festplatz oder Tiergarten, übertrug sich der Name auf Einfriedungen, später auch auf umschlossene Plätze. Zeitgenossen nannten die Anlage in ihrer Entstehungszeit den Schloß- oder Zwingergarten, spätere sprachen von den Zwingergebäuden, bis es endlich bei der Kurzform Zwinger blieb.

Das Areal des Zwingers lag bis 1571 außerhalb der Stadt. Erst die Schloßerweiterung, die Kurfürst Moritz vornehmen ließ, erforderte eine großzügige Ausdehnung der Befestigungen im Westen der Residenz. Es entstand bis 1573 ein weit vorgeschobenes Hornwerk. Der neugewonnene Platz wurde um 1650 von einer Reithalle eingenommen, zu der sich bis 1700 ein Komödienhaus, eine Oper und eben die Zwingergärten gesellt hatten.

Die gestalteten Festplätze der Barockzeit sind keine Idee des Barock. Woher sie rühren, darauf weist der Name eines ersten „Zwingers" vor dem Schloß, der „Colosseum" genannt wurde. Er bestand aus hölzernen Festbauten und Tribünen, die einen Festplatz einschlossen, und wurde 1709 errichtet, anläßlich des Besuchs des dänischen Königs Friedrich IV. Bis zum Abbruch 1714 diente er diversen Turnieren, Rennen, Spielen und sonstigen Lustbarkeiten der Hofgesellschaft.

Älter noch war das gleichfalls hölzerne „grosse und gar hohe Amphitheatro", an dem am 15. Februar 1697 „noch immer starck gearbeitet" wurde, wie die „Ordentliche Wochentliche Post-Zeitungen" in München zu berichten wußte.

1709 beauftragte August der Starke Matthäus Daniel Pöppelmann mit dem Bau einer „Orangerie royale de Dresde" an den Zwingergärten. So entstanden für die reiche Pflanzensammlung des Kurfürst-Königs von 1711 bis 1716 am Wall der Französische Pavillon, der Mathematische Pavillon und die verbindenden westlichen Bogengalerien. Die von Satyren getragenen Konsolen dienten im Sommer der Aufstellung der Kübelpflanzen.

Der *Wallpavillon* in der Mitte, mit seiner auf den Wall führenden zweiläufigen Trep-

sechs berühmte um einen Festplatz

pe baukünstlerischer Höhepunkt der Anlage und Höhepunkt im Schaffen Pöppelmanns, wurde 1716 begonnen und 1719 eingeweiht. 1714 begann der Bau der brunnengeschmückten Langgalerie am Graben, so sehr auch Gouverneur Flemming und andere Militärs vor der Beeinträchtigung der Dresdner Verteidigungsfähigkeit warnen mochten.

Frivoler Grottensaal: das Nymphenbad

Noch im selben Jahr wurden zwischen Wall und Französischem Pavillon die Arbeiten am *Nymphenbad* aufgenommen, einem der köstlichsten Wasserwerke, das die Zeit des Barock in Europa hervorbrachte. Angeregt durch italienische Vorbilder, baute Pöppelmann einen oben offenen Grottensaal, ein Wassertheater aus Becken, Wasserspeiern, Fontänen und einer Kaskade am Wall, reich geschmückt mit Tritonen, Wassergetier, Putten und den namensgebenden Nymphen. Acht der sechzehn Nymphen stammen aus Permosers Werkstatt, die anderen wurden um 1930 von der Zwingerbauhütte hinzugefügt. Um die Wasserspiele betreiben zu können, mußte im Turm des Willischen Tores (Postplatz) ein Wasserhochbehälter gebaut werden.

Das *Kronentor*, ein zweigeschossiger später Nachfahr antiker Triumphbögen, einzigartig in seiner Transparenz und Harmonie, entstand zwischen den Jahren 1714 und 1718. Seinen Namen führt es nach der polnischen Königskrone, die, gestützt von vier polnischen Adlern, den goldenen Schlußpunkt der Zwiebelkuppel bildet.

Als für das Jahr 1719 die Vermählungsfeierlichkeiten des Kurprinzen mit der Erzherzogin von Österreich Maria Josepha bevorstanden und es der Festplätze noch immer nicht genug waren, beschloß man kurzerhand, die dreigliedrige Orangeriegruppe stadtwärts zu spiegeln und einen dauerhaften Festplatz zu schaffen. Der Zwinger ist also nicht das Ergebnis eines Planes, sondern die sich wandelnden Bedürfnisse des Hofes wurden schrittweise und genial in Sandstein umgesetzt.

Zur Hochzeit 1719 waren fast alle Pavillons vollendet

Den Porzellanpavillon und den Deutschen Pavillon bekamen die Bauleute bis September 1719 tatsächlich noch fertig, der Rest – der Glockenspielpavillon und die verbindenden Galerien – wurde in Holz ergänzt, desgleichen der Abschluß an der Elbseite. Hinter den Porzellanpavillon setzte Pöppelmann im selben Jahr noch ein Opernhaus und hinter den Deutschen Pavillon einen Redoutensaal.

Nach 1719 ließ Geldmangel, für den Bau standen 21 610 Thaler aus, die Arbeiten bis 1723 ruhen. Als sie wieder aufgenommen wurden, kam der Gedanke auf, statt der Orangen- und Lorbeerbäumchen im Zwinger die königlichen Sammlungen unterzubringen. Bis 1728 wurde die Stadtseite beendet.

Auch gefeiert wurde noch einige Male heftig, unter anderem fand ein Karneval statt anläßlich des Besuchs Friedrich Wilhelms I., des preußischen Soldatenkönigs, und seines unglücklichen

Vom Kronentor aus sieht man links in Richtung Wall den Mathematisch-Physikalischen Salon und rechts den Französischen Pavillon – beide 1711/16 errichtet. Ihre modifizierten Mansarddächer deckte man in Kupfer. Über zwei Bogengalerien sind sie mit dem von hier aus nicht zu sehenden Wallpavillon verbunden. Vor jedem Fenster dieser Galerien legte man Konsolen an, um Orangenbäumchen aus der Sammlung des Kurfürst-Königs aufzustellen.

Rechts: Wie der Grundriß zeigt, umschließt der Zwinger einen Hof, der durch einen Rasenspiegel um vier Wasserbecken gegliedert ist und der sich in zwei kleinere Höfe mit Segmentbogenabschluß öffnet. Die Länge zwischen Wall- und Stadtpavillon beträgt 186 Meter. Der Bau selbst besteht aus sechs durch Galerien verbundenen Pavillons. Das Konzept knüpfte an Dresdner Festspielhöfe des 17. und 18. Jahrhunderts an.

Sohnes, der als Friedrich II. so viel Unglück über die gastgebende Stadt bringen sollte. Mit der Fertigstellung der Innenausgestaltung des Wallpavillons blieb der Zwingerbau 1732 endgültig liegen.

Pöppelmann kam aus Westfalen

Mit dem Zwinger sind vor allem zwei Namen verbunden: Matthäus Daniel Pöppelmann und Balthasar Permoser. Pöppelmann wurde 1662 in Herford (Westfalen) geboren und trat um 1680 in sächsische Dienste. Seit 1718 stand er als Oberlandbaumeister dem Oberlandbauamt vor. 1710 schickte ihn August der Starke auf eine Studienreise nach Prag, Wien, Salzburg und Rom. Eine weitere Reise ging 1715 nach Paris. Besonders die Eindrücke, die er in Rom und in Wien empfing, haben sich am Zwingerbau ausgewirkt. Pöppelmann verhehlte das durchaus nicht. Den Zwinger nannte er eine „römische Erfindung".

Permoser, 1651 bei Traunstein geboren, lernte sein Handwerk in Salzburg, wirkte in Wien und Florenz, ehe

Das Kronentor trug wesentlich zu dem Weltruhm des Zwinger-Ensembles bei. Pöppelmann knüpfte hier an Werke des italienischen Hochbarock an. Die nach vier Seiten offene Halle verleiht dem Bau seine grazile Leichtigkeit. Die Kuppel in Kupferblech trägt vier polnische Adler und die Königskrone. Akanthusranken zeichnen die Kuppelform nach.

er 1689 als Hofbildhauer nach Dresden berufen wurde. 1711 begann er, am Skulpturenschmuck des Zwingers zu arbeiten. Um das gigantische Programm zu schaffen, holte Permoser nach und nach Paul Heermann, Benjamin Thomae, Johann Christian Kirchner, Johann Matthäus Oberschall, Johann Joachim Kretzschmar und Paul Egell in seine Werkstatt.

Fertig wurden sie trotzdem nicht. Welche Figuren wirklich von Permoser stammen und welche in seiner Werkstatt von seinen Mitarbeitern und Schülern gearbeitet wurden, läßt sich nur in wenigen Fällen mit Bestimmtheit sagen. Signiert hat er nur die heute etwas übertrieben wirkende Huldigung an den Bauherrn August, den sächsischen Herkules auf dem Wallpavillon.

Was den Zwinger so einzigartig macht, ist die geniale Verschmelzung der Arbeiten Pöppelmanns und Permosers, die nicht auflösbare Durchdringung von Architektur und Plastik. Satyre und Faune wachsen aus Säulen hervor und scheinen das Gebälk zu tragen, Allego-

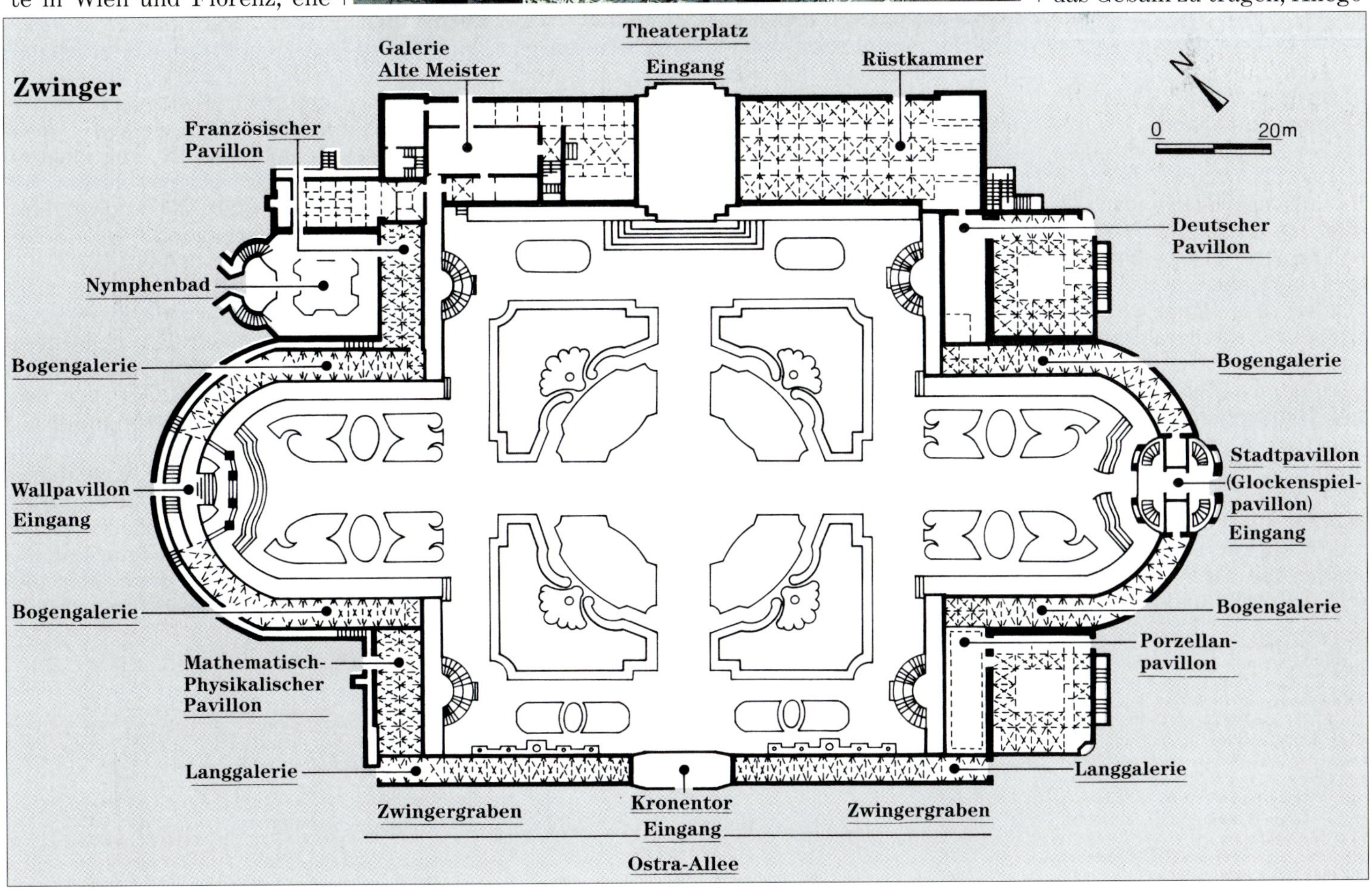

Stark im Ausdruck sind die Satyrhermen von Balthasar Permoser am Erdgeschoß des Wallpavillons. Die Figuren, die trotz starker Beschädigungen in großen Teilen erhalten sind, sollen die Kräfte der Natur verkörpern. Im Kontrast dazu durchdringen sich in fünf Skulpturengruppen über der Traufe des Pavillons die Welten von Mythologie und Politik.

Die letzte große Bauperiode Dresdens wurde 1834 mit der Berufung Gottfried Sempers an die Kunstakademie eingeleitet. 1835 legte der 32jährige Professor der Baukunst für den Theaterplatz seinen ersten Forum-Plan vor. Eine Idee Pöppelmanns wieder aufnehmend, sah er eine Erweiterung des Zwingers bis zur Elbe vor.

Semper schuf die Gemäldegalerie

An der Westseite des Platzes sollte eine Orangerie zur neuen Oper überleiten, an der Gegenseite eine Gemäldegalerie die Anlage spiegeln. Den Abschluß elbwärts, in der Achse des Kronentors, bildeten die Altstädter Wache und eine von Säulen gefaßte Freitreppe hinunter zum Fluß.

In „Ansehung der Kassen" blieb dieser großartige Plan, wie mancher vor und nach ihm, auf dem Papier. Gebaut wurde am vorgesehenen Ort lediglich die Oper und, später und an anderer Stelle, die *Gemäldegalerie*.

Ein Standort für das dringend benötigte Galeriegebäude war lange gesucht worden. Für den letztlich gewählten Platz sprach – nicht nur, aber gewichtig – wieder einmal Sparsamkeit. Von Sempers 1846 vorgelegten drei Entwürfen wurde der ausgewählt, der taktvoll beiden Gebäuden die Selbständigkeit beließ.

Die Entscheidung war richtig, die Gründe waren es nicht. „Nach dem gedachten Modell", befand die Galeriekommission, „stellt sich das Museum als das Hauptgebäude des Zwingers nicht nur durch seine die Umgebung überwiegende Masse, sondern auch den höheren Ernst des Stiles dar." Damit war, lobend, das Problem oder die Schwäche des Entwurfs auf

rien der Künste und Tugenden, antike Götter und Helden setzen die Gebäude fort und kommentieren sie – nichts ist nur Zugabe, verzichtbarer Zierat oder austauschbar, gar Zufall.

Ausgefeiltes Bildprogramm pries den Bauherrn

Auswahl und Gestaltung der Dekorationen und Plastiken – Pöppelmann nannte sie „redende Bildungen" – folgen einem Programm, das gut durchdacht ist. Tugenden, Allegorien, Götter und Helden verkörpern die tatsächlichen oder vermeintlichen Eigenschaften des Bauherrn. Den heiteren Festcharakter des Baus demonstrieren Satyr-Hermen, Panflöten, Frucht- und Blumengehänge ebenso wie die Wasserspiele und Brunnen mit ihren Nymphen, Zephiren, Liebesgöttern, Faunen und Satyren. Vom Rang Augusts des Starken künden die zahlreichen doppelten Reichs- und einfachen polnischen Adler, Kronen, Kurhüte, Orden, Wappen, Zepter und Kurschwerter. Auffällig ist das Fehlen christlicher Symbolik.

Mit dem Tod des kleinen sächsischen Sonnenkönigs im Jahr 1733 begann der Niedergang des Zwingers. Für die Hochzeit der Prinzessin Maria Josepha mit dem Dauphin von Frankreich gab er 1747 noch einmal den Rahmen ab, dann verödete der nur noch Museumszwecken dienende Bau und begann zu verfallen. Schwere Schäden brachte der Siebenjährige Krieg. Die Preußen, Herren der Stadt von 1756 bis 1759, nutzten z.B. die Räume zur Unterbringung diverser Ausrüstungen und Vorräte.

1759 ging Dresden in den Besitz der verbündeten Österreicher über, die es mit der Stadt und ihren Bewohnern ebenso hielten wie die feindliche Armee. Der Beschuß der Stadt 1760 durch die Preußen unter Friedrich II. zerstörte ein Viertel der Stadt. Fünf Kirchen und über 400 Häuser wurden eingeäschert, viele beschädigt, hunderte Menschen getötet oder verstümmelt und etliche hundert Familien um Obdach und Brot gebracht.

Sachsen und seine Hauptstadt erholten sich nur sehr langsam von den Folgen des Siebenjährigen Krieges. Das Zeitalter der Feste und Großbauten war vorbei. Die neue Zeit verlangte sparsames Wirtschaften, Nüchternheit, Rationalität – ohne allerdings mit all dem hinreichend bedient zu werden.

So ist es fast ein Wunder, daß 1783/95 der Zwinger wiederhergestellt wurde, nachdem noch 1780 Oberlandbaumeister Friedrich Christian Exner ernsthaft vorgeschlagen hatte, die Zwingerplastik einfach herunterzuschlagen. Graf Marcolini, Oberkammerherr und Vertrauter des amtierenden Kurfürsten Friedrich August III., beauftragte Johann Daniel Schade mit der Restaurierung der Gebäude und mit der Ergänzung des Figurenschmucks.

den Punkt gebracht. Immerhin bewahrte die Vorstellung vom „festlichen und heiteren Schmucke für den edleren Kunstpalast“ den Zwinger vor dem drohenden Abriß.
Der feingegliederte, schmuckfreudige Bau in den Formen der italienischen Hochrenaissance wurde 1847 begonnen und bis 1855 von Karl Moritz Hänel und Bernhard Krüger nach den mehrfach geänderten Plänen Sempers beendet. Semper konnte die Fertigstellung selbst nicht mehr leiten. Der aktive Teilnehmer an den Dresdner Maikämpfen hatte Dresden 1849 verlassen müssen. So blieb ihm gegen die Verkleinerung der Kuppel, die seinen Entwurf zum Nachteil veränderte, nur der ohnmächtige Protest aus der Ferne.
Den Figurenschmuck der Galerie schufen Ernst Julius Hähnel und Ernst Rietschel. Allerdings nicht, wie einst am Zwinger, in einem organischen Bauprozeß und in engster Zusammenarbeit mit dem Architekten, einer Gesamtvorstellung entsprechend, sondern Jahre nach dem Baubeginn, als dekorative Zutat. Entsprechend austauschbar schmücken den Bau Allegorien.
Der Bombenangriff am 13. Februar 1945 traf auch den Zwinger. Sprengbomben zertrümmerten den Wallpavillon, die angrenzenden Arkaden und den Westflügel der Galerie, das Kronentor. Der Deutsche, Französische und Mathematisch-Physikalische Pavillon sowie der Glockenspielpavillon brannten aus. Mit Unterstützung der Sowjetischen Militäradministration begannen schon 1945 die Bergungsarbeiten samt Wiederaufbau.

Bis 1964 Zwinger wiederaufgebaut

An die Suche nach Blindgängern und Minen erinnert eine Inschrift am Glockenspielpavillon: „Museum geprüft – Minen keine – geprüft von Chanutin“. Bis 1964 wurden nacheinander alle Teile des Zwingers wiederhergestellt, zuletzt der Wallpavillon. Die kostbare Innenausstattung samt Wandgemälden Louis de Silvestres und Heinrich Christian Fehlings blieb verloren. Den Wiederaufbau leiteten Hubert Ermisch, Max Zimmermann und Arthur Frenzel, die Bildhauerarbeiten Albert Braun und Fritz Schlesinger.
Die Galerie beherbergt seit 1960 – unterbrochen 1985/92 – wieder die Gemäldegalerie Alte Meister (s. Museumskapitel Seite 77) und das Historische Museum in der sogenannten Rüstkammer (s. Museumskapitel Seite 78). Im Porzellanpavillon befindet sich die Porzellansammlung (s. Museumskapitel Seite 79), im Mathematisch-Physikalischen Pavillon sind seit 1728 die Mathematisch-Physikalischen Sammlungen untergebracht. Das Naturkundemuseum hat in der Galerie am Kronentor sein Domizil.
Öffnungszeiten: Mathematisch-Physikalischer Salon: Freitag bis Mittwoch 9.30–17 Uhr, Naturkundemuseum: Dienstag bis Sonntag 9–16 Uhr.

Vom Foyer führt ein prunkvolles Treppenhaus in die Zwingersche Gemäldegalerie Alte Meister. Bereits in diesem Eingangsbereich hängen einige der phantastischen Exponate. Kurz unterhalb der Kronleuchter fällt der Blick auf Sebastiano Riccis (1659–1734) „Christi Himmelfahrt“. Unten hängt eine Empfangsszene von Francesco Montemezzano (um 1540–nach 1602).

Immerhin 800 Jahre sächsische Geschichte und Kultur spiegeln sich im Residenzschloß. Glanzvoll restauriert zeigt sich der in den Jahren 1586/91 erbaute Stallhof für Reiter- und Waffenspiele. Auf hundert Metern Länge erstreckt sich der Lange Gang mit seinen 22 toskanischen Säulen. Er entstand nach italienischen Vorbildern. Markant sind auf dem dunkelgrauen Grund die Friese mit weißen Grotesken und Rollwerk.

Altstadt:

Aus der Barockzeit stammt die Kreuzkirche, um die sich ein großflächiges Ensemble DDR-Baukunst gruppiert – die Nordseite des Altmarktes etwa wird vom Kulturpalast beherrscht. Den Kern des kulturhistorischen Stadtkerns bildet das Residenzschloß. Noch höher als dessen Turm ist der des bedeutenden Neuen Rathauses von 1910.

Fünfzehn Quadratkilometer groß war das verwüstete Areal von **Dresden** nach dem Zweiten Weltkrieg. Erich Kästner sprach von einer „Ziegelsteppe". Als die **Altstadt** aus dem Schutt neu erstand, hatte sie ein völlig anderes Gesicht als zuvor. Heute kann man nicht mehr die bezaubernde Barockstadt wiedererkennen, die Canalettos großflächige Gemälde wiedergeben.
Aber bereits seit Ende des 19. Jahrhunderts waren der Altmarkt – hier die gesamte Westseite – und seine Umgebung massiv modernisiert worden. 1928 hatte Stadtbaurat Paul Wolf ein umfassendes Neubauprogramm für die gesamte Altstadt vorgelegt, das unter anderem die völlige Umgestaltung des Altmarkts vorsah. Die tabula rasa der Bomberflotten bot den Planern für ihre verkehrsgerechten Geraden dann schließlich freie Bahn.
Der Altmarkt war der Kern der mittelalterlichen Stadt. Hier versammelten sich, angelockt von Elbübergang und fürstlichen Privilegien, die Händler. Hier standen Brunnen, Waage, Maße, hier befand sich das Rathaus, hier liefen – auch topographisch – alle Straßen zusammen.
Auf der Südseite des Platzes, nach der Zerstörung bisher nicht wiederbebaut, finden seit einigen Jahren Großgrabungen statt. Unzerstörte Kellerräume kommen ans Tageslicht, in denen die Bewohner 1945 ihre kostbaren Meißner Service in Sicherheit zu bringen hofften, als die Stadt unterging; die Grundmauern der Häuser sind noch oft die der barocken und mittelalterlichen Vorgänger.
Dichte Bebauung also muß man sich hier und auf der Ostseite des Marktes vorstellen: Vor 1945 verlief die Häuserfront etwa 30 Meter schräg vor der heutigen. Die Kreuzkirche (21) (Ziffern entsprechen dem Stadtplan auf Seite 14), die heute etwas starr in einer geraden Fassadenflucht steht, lag damals auf ihrem eigenen Kirchhof abseits vom eigentlichen Altmarkt.
Ursprünglich dem Schutzheiligen der Kaufleute und Schiffer, dem hl. Nikolaus, geweiht, trägt das Gotteshaus seit dem 13. Jahrhundert seinen Namen nach einer Reliquie vom Kreuz Christi, Geschenk aus dem Fürstenhaus. Die spätgotische Hallenkirche wurde 1760 durch preußischen Artilleriebeschuß in Schutt und Asche gelegt. Akribisch hat Canaletto die Ruine festgehalten.
Die neue Kirche (1764/88) ist ein einzigartiges Bauwerk: Hier begegnen sich der städtische Barock, wie er in Bährs Frauenkirche gipfelte, und der programmatische Klassizismus des Hofbaumeisters Friedrich August Krubsacius.
Die Westfront mit ihren makellosen Proportionen und dem ebenmäßigen 94 Meter hohen Turm ist eine strengere, flächigere Antwort auf die Hofkirche am Elbufer. Der Bau mit seinem gewaltigen halbrunden Ostabschluß scheint den Baukörper der gotischen Hallenkirche wiederaufzunehmen.
Während das Äußere, in dem barocke Elemente zu einem

Hier residierte August der Starke

Die spätgotische Kreuzkirche wurde 1760 zerstört. In dem neuen Gotteshaus (1764/88) begegnen sich der städtische Barock und der programmatische Klassizismus. Gelungene Proportionen zeigt die Westfront mit ihrem 94 Meter hohen Turm, der nach den Plänen des Krubsacius-Schülers Gottlob August Hölzer geschaffen worden ist. Nach einem Brand mußte die Kirche im Jahr 1897 wiederaufgebaut werden. Das Innere gestaltete man in Jugendstilformen. Im Hintergrund sieht man den dominanten Rathausturm.

klassizistischen Baukörper werden, nach 1945 sorgfältig restauriert worden ist, ging das prächtige barocke Innere bereits bei einem Brand 1897 verloren. Die danach entstandene Ausstattung im Jugendstil wiederum ist in wenigen Resten in der strengen Innengestaltung aus den 50er Jahren erhalten, die eine spätere Wiederherstellung des barocken Intérieurs ermöglichen soll.

DDR-Bauten rund um die Kreuzkirche

Um die Kreuzkirche herum bildet die Altstadt ein städtebauliches Ensemble von großer Geschlossenheit: Auf 600 mal 600 Metern folgen die Stilepochen der DDR-Baukunst aus den fünfziger und sechziger Jahren aufeinander.
Die Westseite (1953/56 im Stil der „nationalen Bautraditionen") folgt der ursprünglichen Straßenfront und nimmt nicht nur das typische Dresdner Baumaterial, sondern auch barocke Elemente und die Laubengänge wieder auf, die für obersächsische Platzanlagen so typisch sind.
Über dem von zwei Säulen samt dorischen Kapitellen flankierten Torbogen zur Webergasse erhebt sich ein klar gegliederter Risalit. Dieser wird von einem Dachreiter bekrönt, der den Turm des Alten Rathauses repliziert, das bis zum Jahr 1945 rechts an der Westseite des Altmarktes stand.

Die Dresdner Kreuzkirche ist in ihrem Inneren eine weite dreischiffige Halle mit einem bühnenartig angeschlossenen Altarplatz. Von der Ausstattung erhalten sind Anton Dietrichs Altarbild mit der Kreuzigung Christi von 1900 sowie ein Bronzerelief über dem Altartisch von Heinrich Epler aus demselben Jahr. Das Relief stellt den ersten lutherischen Gottesdienst im Jahr 1539 in diesem Sakralbau dar.

Südlich des eigentlichen Platzes schließt sich mit dem Gebäude des Cafés Prag (1959) ein Ensemble an, das bereits die Abkehr von dem barockisierenden Traditionalismus des Altmarktes hin zu sachlicheren Formen zeigt und das sich im Straßenzug Dr.-Külz-Ring fortsetzt.

Wirkt massiger: Altmarkt-Ostseite

Die Ostseite des Altmarktes, gegenüber der historischen Fassadenlinie stark zurückgenommen, folgt den „nationalen Bautraditionen", verzichtet aber auf die Arkaden und erscheint massiger als ihr westliches Pendant. Ihr Kopfbau, das „Haus Altmarkt", muß zugleich mit der Kreuzkirche und mit dem beinahe klassizistischen Intecta-Warenhaus gegenüber auf der Westseite (das sich auf einen Warenhaus-Vorgängerbau aus den 20er Jahren bezieht) korrespondieren.

Nord- und Südseite des Altmarktes erscheinen demgegenüber wenig geschlossen. Dies beruht teilweise auf dem Generalbebauungsplan von dem Jahr 1967, nach dem vom Albertplatz über die Elbe bis zum Hauptbahnhof eine durchgehende, autofreie Nord-Süd-Magistrale vorgesehen war. Aber schon seit den 70er Jahren plante man eine Bebauung der Südseite zwischen Altmarkt und Dr.-Külz-Ring, die wegen der Finanzen und unbefriedigenden architektonischen Ideen scheiterte – zumindest die Mittel sind jetzt vorhanden.
Die Nordseite des Altmarktes wird vom Kulturpalast (22) beherrscht. Das Gebäude (1966/69) stellt, was Formen und Material angeht, bereits einen Bruch mit der umgebenden Bebauung dar. Verschiedene Projekte für den Bau des Kulturpalastes waren in den 50er Jahren nicht zur Ausführung gekommen.

Warum der Kulturpalast zu flach wirkt

Dem Neubau im fortentwickelten Stil der Bauhaus-Moderne fehlt das von den Architekten eigentlich vorgesehene oberste Stockwerk, wodurch der Kulturpalast sowohl in bezug auf seine eigenen Proportionen als auch im städtebaulichen Kontext zu flach wirkt. Seine Innenarchitektur, um einen Mehrzwecksaal mit bis zu 2400 Plätzen herum angelegt, ist im Sinne der Bauhaus-Ideen bis in die kunsthandwerklichen Details stilistisch einheitlich gelungen.
Der schnurgerade Verlauf der Wilsdruffer Straße, der heutigen Hauptstraße der Altstadt, ist das Ergebnis der Stadtplanung während des 19. Jahrhunderts. Während ihr Westteil (Altmarkt bis Postplatz) bereits seit dem Mittelalter unter diesem Namen und in diesem Verlauf existierte, wurde ihr Ostteil als König-Johann-Straße in den Jahren 1878/90 quer durch die Altstadt bis zum Pirnaischen Platz gezogen. 46 Häuser wurden dafür abgebrochen, darunter das Palais Brühl (1718/30), Stadtsitz des mächtigen Premierministers Augusts II. Die Neubebauung wurde zum ersten großen Spekulationsprojekt Dresdens. Seit 1912 wurde auch die westliche Fortsetzung, die Wilsdruffer Straße, abgebrochen und auf 20 Meter verbreitert.
Beim Wiederaufbau nach dem Krieg wurde die Ernst-Thälmann-Straße – auf bis zu 61 Meter verbreitert – zum Mittelstück der drei Kilometer langen Ost-West-Magistrale. Die Bebauung dieser Geschäftsstraße begann in ihrem Ostabschnitt 1954.
Am Pirnaischen Platz steht als einziges wiederaufgebautes Kunstwerk der Magistrale das Landhaus (23). Es wur-

Die Bürgerwiese gilt als Dresdens bedeutendste englische Parkanlage des 19. Jahrhunderts. Sie wurde nach Plänen Peter Joseph Lennés seit 1859 angelegt. Hier befinden sich neben anderen Skulpturen das 1991 wiedererrichtete Mozartdenkmal, das 1907 von dem Berliner Bildhauer Hermann Hosaeus geschaffen wurde. Die drei vergoldeten Frauenfiguren um die Stele verkörpern Ernst, Anmut und Heiterkeit.

de 1770/76 von Hofbaumeister Krubsacius als Tagungsort der sächsischen Landstände errichtet. Nach der Staatsreform 1830/31 war es unter anderem Sitz der Amtshauptmannschaft Dresden, einer der vier sächsischen Gebietskörperschaften. 1945 bis auf die Außenmauern zerstört, wurde es 1963/65 wiederaufgebaut und dient nun als Stadtmuseum.

Landhaus dient als Stadtmuseum

Seine eigenartige städtebauliche Lage erklärt sich aus dem Durchbruch der König-Johann-Straße: So avancierte die Gartenfront (die dabei ihren Gartenhof verlor) zur Hauptfassade. Die eigentliche Hauptfassade liegt an der Landhausstraße zum Neumarkt. Über zwei gequaderten Untergeschossen befinden sich ein Obergeschoß und ein Halbgeschoß, die vertikal durch Pilaster mit ionischen Kapitellen verbunden sind (Kolossalordnung).
Das grandiose *Treppenhaus*, das ursprünglich durch alle Stockwerke des Hauses reichte, nimmt am Ende des 18. Jahrhunderts noch einmal die großen Escaliers fürstlicher Barockschlösser auf – ohne die politische Bedeutung, die diese Anlagen für die Inszenierung barocker Diplomatie hatten.
Öffnungszeiten: Samstag bis Donnerstag 10–18 Uhr.
Die links an das Landhaus anschließende Bebauung der Wilsdruffer Straße setzt sich im gleichen Stil bis zum Kulturpalast und zur Schloßstraße fort. Sie variiert die traditionelle Bauorganisation mit Laubengängen und bel étage, die auch die gegenüberliegenden Vorgänger aus den 50er Jahren bestimmt.
Im Westabschnitt der Wilsdruffer Straße markiert auf der anderen Straßenseite der 170 Meter lange Häuserblock (1966/67) den Übergang zur Moderne. Der Stahlskelett-Montagebau verzichtet auch in seinem Äußeren auf die gliedernden Elemente wie Treppenhausrisalite und schräge Ziegeldächer – im Unterschied zu den Bauten, die bis zur Mitte der 60er Jahre entstanden.

An der Ecke Wilsdruffer Straße/Postplatz erhebt sich ein Klassiker der Moderne: die ehemalige Gaststätte „Am Zwinger" (24), deren zukünftige Nutzung noch unklar ist. Bis zum Jahr 1963 stand an dieser Stelle die Ruine der Sophienkirche, einer spätgotischen Klosterkirche, die nach der Reformation zur evangelischen Hofkirche geworden war. Walter Ulbricht soll gegen diesen Bau eine besondere Abneigung empfunden haben, was möglicherweise dazu beitrug, daß die Versuche der Dresdner Denkmalpfleger, immer wieder neue Nutzungskonzepte vorzuschlagen, ohne Auswirkung blieben.

In der Hand von Italienern lag die schöne Sgraffitodekoration des Schlosses. Bei dieser bis dahin in Deutschland noch nicht angewandten Kratztechnik konnte man Ornament und Figur hell auf einem dunklen Grund herausarbeiten. Anhand von Stichen und Gemälden des 17. Jahrhunderts wurde das vielfältige Bildprogramm der zerstörten Flächen um den Großen Hof weitestgehend nachempfunden.

1872/76 entwarf Wilhelm Walther für das Schloß einen Fürstenzug, der als Sgraffito an der Fassade des Langen Ganges zur Augustusstraße angebracht wurde. Aufgrund des schlechten Zustandes wurden die Szenen 1906/07 auf Meißner Porzellanfliesen übertragen, die sich bis heute an der Fassade befinden. Dargestellt sind die Regenten des Hauses Wettin. Dem Zug der Fürsten schließen sich Zeitgenossen des Künstlers an.

Der Neubau mit seiner Glas-Aluminium-Fassade (1965/67) ist durch die strebepfeilerartigen Betonträger gegliedert. Er gilt als Dresdens überzeugendster Vertreter jenes internationalen Stils in der Tradition der 20er Jahre, der in der zeitgleichen Stadtanlage von Brasília gipfelte. Nördlich des Altmarktes verläßt man auf der Nord-Süd-Fußgängerstraße, hier der Schloßstraße, das Ensemble der 50er und 60er Jahre.

Bis 1918 saßen im Schloß die Regenten

Mittelpunkt des rekonstruierten „kulturhistorischen Stadtkerns" zwischen Zwinger und Brühlscher Terrasse ist das Residenzschloß (25). Hier lag die Burg, die am Beginn der Dresdner Geschichte steht und deren Nachfolgebauten bis 1918 Hauptsitz der sächsischen Herzöge, Kurfürsten und Könige waren. Nur wenige Baureste des Schlosses, das sich heute im wesentlichen als vierflügelige Anlage des 16. Jahrhunderts darstellt, verweisen auf die mittelalterliche Burg, die die Elbquerung sicherte und die schon im 14. Jahrhundert erweitert wurde.
Mit der ständigen Verlegung der Residenz in die Burg begann gleich der Umbau zum Renaissanceschloß mit dem alten Burgturm, dem 97 Meter hohen *Hausmannsturm*, im Georgenbau als zentralem Element.
Unter den reichen bauplastischen Elementen ragt der erhalten gebliebene *Totentanz* (1534, Christoph Walther I.) heraus. Das über zwölf Meter lange Sandsteinrelief (jetzt in der Neustädter Dreikönigskirche), auf dem der scheinbar so diesseitige Renaissancefürst jeden Tag sich selber fast lebensgroß in den Tod tanzen sah, erzählt viel über die Lutherzeit.

Schatzkammer: Grünes Gewölbe

Nach einem Brand 1701 ließ August der Starke 1718 das Schloß barock erneuern; aus dieser Zeit stammt das *Grüne Gewölbe*, das 1723/29 als Schatzkammer eingerichtet worden ist (s. Museumskapitel Seite 82).
1945 brannte das Schloß vollständig aus. Anfangs war geplant, die Ruinen der nie angelegten zweiten Ost-West-Magistrale zu opfern. Der Wiederaufbau der letzten großen Ruine innerhalb des „kulturgeschichtlichen Stadtkerns" begann nach der Fertigstellung der Semperoper 1985. Der Rohbau soll 1999 fertiggestellt, die letzten Arbeiten 2007 abgeschlossen sein. Zusammen mit den Staatlichen Kunstsammlungen (vor allem mit dem Kupferstichkabinett, der Rüstkammer und den Schätzen des Grünen Gewölbes) wird das Schloß eine Art sächsisches Nationalmuseum.
Der Wiederaufbau soll in seinen einzelnen Teilen unterschiedliche Bauzustände – vor allem den Schloßhof des 16. Jahrhunderts – rekonstruieren, was insbesondere

Das Johanneum wurde während des 18. Jahrhunderts einige Male umgebaut. So wurde 1729/31 eine doppelläufige Freitreppe vor den zweigeschossigen Renaissancebau von Paul Bucher plaziert und ein zweites Geschoß aufgesetzt. In den Jahren 1744 bis 1746 zog Johann Christoph Knöffel die beiden oberen Geschosse zu einem zusammen.

bei der Gestaltung der Innenräume (vor allem des 1701 zerstörten Riesensaals und der Schütz-Kapelle) mangels sicherer Quellen Probleme aufwirft.

Zum Stallhof gehört der Lange Gang

Der Stallhof (1586/91, wiederhergestellt 1982) war gewissermaßen die Bühne, auf der die Kurfürsten der Renaissancezeit mit Reiter- und Waffenspielen ihr mittelalterliches Erbe inszenierten. Seine Nordseite, der *Lange Gang*, mit Arkaden auf 22 toskanischen Säulen, ist mit Sgraffitomalerei geschmückt. Auch die Fassade zur Augustusstraße zierte einst ein Sgraffito, das Wilhelm Walther 1872/76 entworfen hatte. Thema war der *Fürstenzug*. Diese Darstellung wurde in den Jahren 1906/07 auf 25 000 Meißner Porzellanfliesen übertragen. Auf einem illusionistischen Gobelin marschieren sämtliche Regenten des Hauses Wettin auf: 35 Markgrafen, Kurfürsten, Herzöge und Könige.

Der östlichste Bau des Schloßkomplexes ist das Johanneum. Ursprünglich Stallgebäude, wurde es 1722 zum Gemäldemagazin und unter Minister Brühl nach Anlage der englischen Freitreppe 1744/46 zur Gemäldegalerie umgestaltet: eines der allerersten öffentlich zugänglichen Kunstmuseen überhaupt. Die Gemäldegalerie zog 1856 in Sempers Neubau am Zwinger um; das 1872/76 umgebaute und nach dem regierenden König in „Johanneum“ umbenannte Gebäude wurde 1950/68 wiederaufgebaut. Heute zeigt das *Verkehrsmuseum* in diesem Teil seine Exponate.

Öffnungszeiten: Dienstag bis Sonntag 10–17 Uhr.

An der Westseite schließt sich die hierher verlegte „Schöne Pforte“ der Schütz-Kapelle aus dem Residenzschloß (um 1550) an.

Direkt vor dem Johanneum steht der Friedens- oder Türkenbrunnen (26) von 1650 (Kopie von 1968). Mit einer Figur der Friedensgöttin Eirene bekrönt, bejubelt er die Befreiung Dresdens von den Geißeln des Dreißigjährigen Krieges und der türkischen Invasionen.

Die Altstädter Hauptwache – ein Schinkel-Entwurf

Entworfen von Karl Friedrich Schinkel und ausgeführt von Joseph Thürmer, steht die 1830/32 erbaute Altstädter Hauptwache (27) zwischen Gemäldegalerie und Schloß. Die Giebel des tempelartigen Gebäudes zeigen schloßwärts eine Saxonia von Josef Herrmann und zum Theaterplatz hin einen Mars von Franz Pettrich. Bis 1918 marschierte täglich ein Spielmannszug mit der zur Wache befohlenen Abteilung von der Albertstadt hier her. 1945 ausgebrannt, wurde Dresdens einziger Schinkelbau 1955/56 wiederhergestellt. Seit 1985 befindet sich hier die zentrale Theaterkasse der Stadt.

Öffnungszeiten: Montag bis Freitag 10–12 und 13–17 Uhr, Samstag 10–13 Uhr.

Ebenso wie das Schloß überlebte die Ruine des Taschenbergpalais' (28) dank des Einfallsreichtums der Denkmalschützer die radikalen Stadtplaner. Schon seit 1959 war der Wiederaufbau vorgesehen, der erst 1996 (im Außenbau) vollendet war und heute ein Hotel beherbergt.

Der Mitteltrakt des nach einer nahen Anhöhe benannten

Palais mit einer sparsam anmutenden Ornament- und Feldgliederung entstand in den Jahren 1707/12 unter Leitung von Johann Friedrich Karcher für die Maîtresse en titre Augusts des Starken, die schleswigsche Gräfin Cosel. 1756 und 1763 wurde das Palais, das als Kronprinzenresidenz diente, um lisenengegliederte, zurückgesetzte Seitenflügel ergänzt, die so zwei seitliche Cours d'honneur bilden.
Der schlanke neugotische Cholerabrunnen nach einem Entwurf von Gottfried Semper, früher auf dem Postplatz, wurde 1843 als Dank für eine in Dresden nicht ausgebrochene Choleraepidemie gestiftet.

Baumeister der Frauenkirche: George Bähr

Der Neumarkt war das zweite Zentrum des mittelalterlichen Dresden, die sorbische Siedlung um die Marien- oder Frauenkirche (29). 1726 wurde der kleine mittelalterliche Kirchenbau zugunsten eines gewaltigen Neubaus abgerissen. Binnen neun Jahren schuf Ratszimmerer George Bähr einen der bedeutendsten evangelischen Kirchenbauten.
Es entstand ein Zentralbau über quadratischem Grundriß, der es ermöglichte, die Kanzel, Ort der Predigt, als wichtigstes Element des evangelischen Gottesdienstes auch architektonisch in den Mittelpunkt zu rücken. 5000 Gläubige fanden in dem riesigen Kirchenraum mit seinen fünf Emporen Platz.
Am berühmtesten war die von Johann Georg Schmidt 1739 vollendete sandsteinerne Kuppel, die im Außenbau 95 Meter Höhe erreichte und die allen Bedenken wegen der beispiellosen, ohne gründliche statische Berechnungen unternommenen Konstruktion zum Trotz die Beschießung von 1760 und die Bombennächte des Februar 1945 überstand. Erst einige Tage später stürzte die Kuppel, von den glühendheißen Temperaturen aus den Fugen gebracht, in sich zusammen und ließ einen Schutthaufen übrig, der als Mahnmal gegen Krieg und Faschismus erhalten blieb.
In den letzten Jahren ist es zu einer großen Bürgerinitiative gekommen, die den Wiederaufbau des Bauwerks bis 2006 anstrebt. In einem Pavillon am Eingang der Augustusstraße wird über den Stand der Arbeiten informiert, bei denen so weit wie möglich die sorgfältig inventarisierten Trümmersteine verwendet werden sollen, und auf den Rechnerbildschirmen ist die in ein paar Jahren wiederhergestellte Frauenkirche virtuell bereits Realität. Der angestrebte Wiederaufbau des benachbarten Gotteshauses, der von Gottfried Semper errichteten Synagoge neben dem Albertinum, geht wesentlich schleppender voran.
Nur ein bedeutendes Bauwerk aus Dresdens zweiter großer Kunstepoche, der

Neues Rathaus: Die Eingangshalle zum repräsentativen Treppenhaus hat ihre historische Form bewahren können. Die mächtige, steile Kuppel gestaltete 1910/14 Otto Gußmann mit großartigen Jugendstilmalereien aus: Breite Ornamentbänder laufen im Scheitelbild mit einer Darstellung der Personifikation des Lebens zusammen. Die doppelläufige neubarocke Treppe – mit Putten auf der Balustrade – führt zum Festsaal.

Jahrhundertwende, befindet sich noch in der Altstadt. Ein ganzes Stadtviertel mußte 1905/10 dem Neuen Rathaus (30) weichen. Nach Entwürfen von Carl Roth und Edmund Bräter entstand auf knapp zehntausend Quadratmetern um fünf Innenhöfe ein Komplex, der stilistisch schwer faßbar ist und sich möglicherweise am ehesten als Jugendstil in der grandiosen Schlichtheit des Dresdner Klassizismus beschreiben läßt. In dieser Hinsicht bildet das Rathaus mit der anderthalb Jahrhunderte älteren Kreuzkirche ein harmonisches Ensemble.

Seine Innenausstattung, so das große *Treppenhaus* zu den Festsälen mit der Ausmalung von Otto Gußmann (1910), ist hingegen jener Neorenaissance verpflichtet, mit deren Hilfe sich um das Jahr 1900 viele Großstädte auf das stolze Vorbild italienischer Stadtrepubliken bezogen, um ihren Anspruch auf städtische Autonomie in Stein zu fassen.

Der wuchtige Rathausturm, einschließlich des fast fünf Meter großen Goldenen Mannes („Hercules“) auf der geschweiften Haube höher als der Schloßturm, harmoniert zwar eigentlich nicht mit der durchkomponierten Nüchternheit des Kreuzkirchturmes oder der filigranen Eleganz des Hofkirchturmes, fügt sich aber vielleicht dadurch um so besser in die Dresdner Stadtkrone ein. Von der Elbseite aus gesehen, tritt er perspektivisch in den Hintergrund und gleicht seine Übergröße dadurch aus.

Weiße Gasse mit Gänsediebbrunnen

In der Weißen Gasse steht der populäre Gänsediebbrunnen (1880), vom Ferdinandplatz in der völlig zerstörten Seevorstadt hierher versetzt, der eine schwankhafte Begebenheit aus der Dresdner Stadtgeschichte visualisiert. Das barocke Gewandhaus (31) entstand 1768/70 als Kaufhaus der Schlachter und Tuchhändler. Seine Ostfassade ist durch drei Risalite gegliedert und wirkt mit seiner Fensterfront beinahe klassizistisch. Seine erhaltenen Fassaden wurden restauriert und in den Hotelneubau (1965/67) einbezogen. An der Nordwestecke wurde ein Wandbrunnen mit Muschel- und Grottenornament, einem Delphin und Putten angebracht. Er stammt vom Anfang des 18. Jahrhunderts erbauten und kriegszerstörten Wohnhaus des Hofgoldschmieds Dinglinger.

Westlich schließt sich an den Altmarkt die am 1. Mai 1964 fertiggestellte Webergasse an, eine Einkaufspassage über kleinformatigen Grundrissen, die zu den durchkomponiertesten Anlagen ihrer Art in Europa zählt. In der Tradition der kriegszerstörten Webergasse, in der viele Delikatessenläden des gehobenen Bedarfs angesiedelt waren, wurde die Fußgängerpassage ebenfalls als Versorgungszentrum angelegt. Dieses Konzept wird mit der Umgestaltung ab 1997 zugunsten eines neuzeitlichen „Branchenmix“ aufgegeben. Als am 8. Februar 1965 der Grundstein zum Wiederaufbau der Prager Straße gelegt wurde, standen in der einstigen Seevorstadt zwischen Altmarkt und Hauptbahnhof noch genau zwei Häuser. Das Viertel trug seinen Namen nach einer Reihe von Seen, die das mittelalterliche Dresden von der Landseite her schützten und deren letzter erst im 18. Jahrhundert trockengelegt wurde. Es entstand eine Palaislandschaft mit großen Gartenanlagen für den sächsisch-polnischen Hofadel. Als Sachsens Glanz im Jahr 1815 verblaßt war, wurde das Gelände parzelliert und bebaut.

Prager Straße: Hier flanierte und kaufte man

Die Prager Straße entstand ab 1851 als Verbindung zwischen Altstadt und Böhmischem Bahnhof, der an der Stelle des heutigen Hauptbahnhofs (1898) lag. Ab dem Ende des Jahrhunderts entwickelte sie sich zur mondänsten Einkaufsstraße der sächsischen Hauptstadt, obwohl die häufig gehörte Be-

zeichnung „Prachtstraße“ zumindest in architektonischer Hinsicht kaum zutraf. Teilweise nur 17 Meter breit, war sie überwiegend in der zeittypischen wilhelminischen Stilmischung bebaut. Eine Ausnahme war der „Reka“-Kaufhausbau von 1909 an der Stelle des heutigen Centrum-Warenhauses.
Der Wiederaufbau ab 1965, 1976 zum Erliegen gekommen, faßt die Prager Straße als Teil der Fußgängermagistrale mehr als Platz denn als Straße auf. Die teilweise ans Monotone grenzende Sachlichkeit der einheitlichen Großbebauung wird durch einige anspruchsvolle Bauten, so das Rundkino (1973, Gerhard Landgraf, 50 Meter Durchmesser; davor Stahlplastik „Behütete Weltkugel“), sowie durch einige qualitätvolle Brunnenskulpturen (1967, Leonie Wirth/ Karl Bergmann) aufgelockert. Zwischen Rundkino und Waisenhausstraße wird seit Anfang der 90er Jahre mit gleichartigen Glas- und Stahlbetonbauten die Bebauung der Prager Straße abgeschlossen.
Westlich der Altstadt findet sich einer der schönsten Kirchenbauten Dresdens. Anstelle des 1578 eingeweihten ursprünglichen Baues dieser Vorstadtkirche entstand unter Leitung von Johann Georg Schmidt 1769 die Annenkirche (32) als weitläufiger Saalbau in schlichten Formen. 1823 erhielt sie ihren von Hofbaumeister Thormeyer gestalteten klassizistischen Turm, der die Perspektive vom Postplatz aus dominiert. Ihr harmonischer Innenraum mit einer für Konzerte gerne genutzten Akustik wurde 1948/50 wiederhergestellt.

Friedrichstadt mit Yenidze

Nordwestlich des Zwingers führt die Ostra-Allee in die ab dem 17. Jahrhundert um die Manufakturen der kurfürstlichen Wirtschaftsplanung gewachsene **Friedrichstadt**, deren markantestes Gebäude heute sicher die Zigarettenfabrik Yenidze (33) mit ihrer weithin sichtbaren mauresken Glaskuppel ist. Folgt man den Bahngleisen, gelangt man zu diesem Tabakkontor. Die Dresdner nahmen den 1909 errichteten Reklamebau ironisch-gelassen zur Kenntnis und fingen irgendwann an, ihn zu mögen. Heute ist die Yenidze ein Bürohaus und Veranstaltungsort.
Das wichtigste erhaltene Barockbauwerk in der Friedrichstadt ist das Palais Brühl-Marcolini (34). Das heutige Krankenhaus wurde zwischen 1727 und 1774 für zwei kurfürstliche Minister errichtet. Im Hof steht die prunkvolle Anlage des *Neptunbrunnens* von Lorenzo Mattielli nach Entwürfen von Zacharias Longuelune.
Zur erhaltenen barocken Bebauung zählen die Wohnhäuser Friedrichstraße 29 und 33 sowie die restaurierte Matthäuskirche (1728/30) mit dem Grab ihres Erbauers, des Architekten Pöppelmann.

Links: Das Landhaus, in dem heute das Stadtmuseum untergebracht ist, blieb als einziges historisches Gebäude an Dresdens Ost-West-Magistrale. In dem vorderen Mittelbau befindet sich ein großzügiges, festsaalartiges Treppenhaus mit einer Flachdecke. Beidseitig schwingen halbkreisförmig Aufgänge nach oben, die mit einem kunstvollen schmiedeeiesernen Gitterwerk geschmückt sind.

Die Yenidze ist ein faszinierender pseudo-orientalischer Industriebau, der einer Moschee mit Zentralkuppel nachgebildet wurde. 1907/09 errichtete man das Gebäude für die 1886 gegründete Tabak- und Zigarettenfabrik in der Weißeritzstraße. Die 18 Meter hohe Kuppel, die man von innen beleuchten kann, besteht aus verschiedenfarbigem Glas. Die Abluftschächte kaschierte man durch Umgänge und schlanke Hauben.

Ein technisches Denkmal aus dem 19. Jahrhundert ist das sogenannte Blaue Wunder, die Elbbrücke bei Loschwitz. Die Hängebrücke mit dem blauen Anstrich wurde in den Jahren 1891 bis 1893 nach Plänen von Hans Manfred Krüger als Stahlfachwerkkonstruktion mit einer Spannweite von 140 Metern erbaut. Fast komisch war die Belastungsprobe etwa mit Dampfwalzen, einer Kompanie Soldaten und mehreren Straßenbahnwagen. 1957/58 wurde die Brücke erneuert.

Neustadt Stadt

Nirgendwo in Dresden hat sich das barocke Straßenbild so gut erhalten wie in der Neustadt, die vor allem durch Symmetrie geprägt ist. Aus dem 19. Jahrhundert stammen in Loschwitz die Schlösser Albrechtsberg und Eckberg sowie die Villa Stockhausen. Über das berühmte „Blaue Wunder“ gelangt man zum einstigen Villenort Blasewitz.

Symmetrie war das Gebot barocker Stadtbaukunst, als nach dem Brand von 1685 aus den Trümmern von Altendresden die **Neustadt** von **Dresden** auferstand. Man legte drei Straßen – Königstraße, Hauptstraße, Albertstraße – an, die axial auf den Albertplatz führen. Die mittlere von ihnen weicht in Verlängerung der Augustusbrücke elegant ein wenig von der Geraden ab.

Diese Hauptstraße der Neustadt bildet über die Elbe hinweg eine Achse zum Schloß. Von vornherein extrem breit angelegt, war sie im 18. Jahrhundert mit dem Beinamen „die Linden“ Flaniermeile von „tout Dresde“, der Brühlschen Terrasse ebenbürtig. Seit ihrer Fertigstellung 1979 im Zuge der Fußgängermagistrale hat sie diesen Charakter zurückgewonnen, wenn auch große Teile der alten, kriegszerstörten Bebauung ab den 70er Jahren durch Neubauten ersetzt wurden. Ohne im Volumen den städtebaulichen Maßstab der Neustadt zu sprengen, wollen sich diese formal jedoch nicht so recht in die barocke Umgebung einpassen.

Zu den vorbildlich restaurierten bürgerlichen Wohnhäusern aus der Zeit, als die geballte Kaufkraft des Hofes Augusts des Starken den Dresdner Kaufleuten zugute kam, gehört das Kügelgenhaus (35) (Ziffern entsprechen dem Stadtplan auf Seite 14) in der Hauptstraße 13. Die Balkenzugdecken mit Malereien aus dem späten 17. Jahrhundert wurden 1979 freigelegt und restauriert. Von 1808 bis 1820 wohnte im zweiten Stock die Familie des Porträtmalers Gerhard von Kügelgen, Vater des anhalt-bernburgischen Hofmalers Wilhelm von Kügelgen. Der Künstler machte das Haus zu einem Treffpunkt der sich im biedermeierlichen Dresden versammelnden Künstler, darunter Caspar David Friedrich und Georg Friedrich Kersting, nach dessen Gemälde vom Hausherrn (1811) das Arbeitszimmer rekonstruiert wurde. Eingerichtet ist hier das *Museum zur Dresdner Frühromantik* (s. Museumskapitel Seite 84).

Öffnungszeiten: Mittwoch bis Sonntag 10–18 Uhr.

Die barocke Bebauung der Königstraße, deren Fassaden zu einem großen Teil von Pöppelmann entworfen worden sind, blieb weitgehend erhalten. Hier und in den Gassen zur Hauptstraße finden sich die einheitlichsten Straßenzüge. Die Fassaden wurden in den letzten Jahren sorgfältig restauriert. Selbst bei den Fensterverglasungen wurde das Flächenempfinden des Barock gewahrt.

Die Königstraße wurde ausgerichtet auf das Japanische Palais. Gleichzeitig entstand der Palaisplatz, wo noch eines der beiden Torhäuser (36) steht, die man 1827/29 nach Gottlob Friedrich Thormeyers Entwürfen errichtet hatte. Sie garantierten an der Stadtausfahrt Richtung Leipzig Warenversteuerung und nächtliche Torsperre.

Die Rähnitzgasse aus dem Barock und die Nieritzstraße aus dem Biedermeier gehören zu den Höhepunkten des Viertels, das vom Turm

und östliche teile Dresdens

Die Rähnitzgasse aus dem Barock ist eine der schönsten Straßen des Viertels zwischen Elbufer und Albertplatz. Die zwei- bis viergeschossigen Gebäude stammen zum größten Teil aus der Zeit um 1750. Überragt werden sie vom Turm der Dreikönigskirche. Diese neustädtische Hauptkirche wurde ab 1732 nach Plänen Pöppelmanns und – ab 1739 – von George Bähr erbaut. Um 1850 wurde der Turm fertiggestellt.

der Dreikönigskirche (37) überragt wird. Die neustädtische Hauptkirche wurde ab 1732 nach Plänen von Matthäus Daniel Pöppelmann und – ab 1739 – von George Bähr erbaut. Erst Mitte des 19. Jahrhunderts wurde der 88 Meter hohe Turm fertiggestellt. Das zur Hauptstraße weisende Hauptportal stammt noch von 1694.

Das Kircheninnere ist durch seine vielfältige Nachkriegsnutzung, unter anderem als vorläufiger Tagungsort des sächsischen Landtages ab 1990, ziemlich verbaut. Bemerkenswert ist jedoch der sieben Meter hohe Altar (1738) aus Sandstein von Johann Benjamin Thomae. Dargestellt sind die klugen und törichten Jungfrauen.

Nach wenigen Metern steht man auf dem Albertplatz. Er wurde angelegt vom Hofbaumeister Gottlob Friedrich Thormeyer, der einige der wichtigsten klassizistischen Akzente des Dresdner Stadtbildes setzte.

Blickfang des hauptstädtischen Rundplatzes (1817 bis 1824) ist heute die monumentale Brunnenanlage „Stille Wasser“. Der Künstler Robert Diez schuf sie 1894. Najaden und Nereiden umspielen den Sockel des runden Beckens, über dessen Rand das Wasser wie ein Vorhang läuft. Das seit 1946 fehlende Gegenstück „Stürmisches Wogen“ wird restauriert.

Erlwein entwarf Quellhaus für tiefen Brunnen

Nördlich davon steht ein pavillonartiges Quellhaus, das auf einen Entwurf des Dresdner Stadtbaudirektors Hans Erlwein aus dem Jahr 1911 zurückgeht. Fast einen Viertelkilometer tief bohrten in den 1830er Jahren Freiberger Bergleute für den artesischen Brunnen.

Die architektonische Dominante des Albertplatzes ist das Hochhaus der Verkehrsbetriebe (38), die frühere Sächsische Staatsbank (1929). Das Haus ist wohl der bedeutendste Dresdner Bau der Zwischenkriegszeit. Der monolithisch wirkende Solitär bezieht sich auf die zeitgenössischen Art-déco-Hochhausbauten Amerikas ebenso wie auf den backsteinernen Expressionismus, wie ihn vor allem der vor 1914 auch in Dresden tätige Fritz Schumacher vertrat.

Nur wenige Jahrzehnte erhielt sich Thormeyers bürgerliche Vorstadtbebauung um den Albertplatz, bevor Industrialisierung und Bevölkerungsdruck dem Viertel sein heutiges Erscheinungsbild gaben. Um die Martin-Luther-Kirche (1883/87), deren schlanker neugotischer Turmhelm mit der obersächsischen Tradition bricht, erstreckt sich das heute möglicherweise größte geschlossene Areal gründerzeitlicher Bebauung in Europa (Louisenstraße, Kamenzer Straße). An der Bautzner Straße liegen die Schaustücke der industriellen Halbmillionenstadt der Jahrhundertwende. Dazu zählen das Eckgebäude Rothenburger Straße (1897) und – mit der Straßennummer 79 – der berühmte Pfundsche Milchladen (39). Dessen prächtiges Kachelintérieur von 1892 kündet noch von dem Erfolg der Idee, mitten in der werdenden Großstadt einen landwirtschaftlichen Betrieb zu installieren.

Erich Kästner wuchs hier auf

Die Königsbrücker Straße nördlich vom Albertplatz war die Heimat Erich Kästners, der unter anderem die Bäckersfrau Wirth in „Emil und die Detektive“ seinem Kindheitsmilieu unverändert entnommen hat.

Bis um 1850 war das alte Dresden – mit Ausnahme der Friedrichstadt – nicht über seine Festungsgrenzen hinausgewachsen. Dann wurden die Dörfer im Elbtal und an den Hängen eines nach dem anderen erschlossen, bebaut und eingemeindet. Es ist dieses „zweite Dresden“, das weder Krieg noch Wiederaufbau zum Opfer gefallen ist.

Nirgendwo anders gibt es diese glückliche Mischung

Mit bester Aussicht liegen an den Loschwitzer Elbhängen drei Prachtbauten des 19. Jahrhunderts: links Schloß Albrechtsberg, das nach dem Vorbild römischer Renaissance-Villen im Stil des Berliner Spätklassizismus errichtet wurde, die spätklassizistische Villa Stockhausen und rechts Schloß Eckberg – mit Anklängen an die englische Tudorgotik. Vom gegenüberliegenden Elbufer aus erschließen sich ihre Gartenfronten.

aus kleinstaatlich gedämpftem hauptstädtischem Selbstbewußtsein und industriellem Reichtum. Vor allem unterscheiden sich Dresdens Vororte von denen der vielen preußisch regierten Städte durch einen Lokalstil, in dem der Einfluß Gottfried Sempers deutlich ist. Die elbaufwärts gelegenen Vororte sind geprägt durch diese großräumigen, zurückhaltend ornamentierten Villen, für die Sandstein und Naturtöne typisch sind.
Im Vorort **Loschwitz** stehen drei Bauten an der Bautzner Straße, die allein schon wegen ihrer Lage auf den Elbhöhen die Krönung der Dresdner Villenarchitektur darstellen. Ihre jeweilige Schauseite ist eigentlich die rückwärtige: Vom anderen Elbufer aus erschließen sich ihre Gartenfronten im Zusammenhang mit der Parkarchitektur am besten.
Das schönste unter den dreien ist das heutige Raummuseum Schloß Albrechtsberg (40), das Prinz Albrecht von Hohenzollern 1850/54 vom preußischen Landbaumeister Adolph Lohse errichten ließ. Gewissermaßen ein Gastspiel der Schinkel-Schule im Semperschen Sachsen, zeigt der kubische Baukörper zur Bautzner Straße hin eine von zwei Türmen flankierte nüchterne Fassade mit klassizistischem Mittelrisalit.

Terrassengarten von Schloß Albrechtsberg

Die Gartenseite wirkt demgegenüber aufgelöst, vor allem durch den hervorspringenden Erker des Gartensaales über 5/8-Grundriß.
Zum Elbufer hin ist der Garten als eine mehrstufige Terrassenlandschaft gegliedert, die an den Fortunatempel im latinischen Praeneste erinnert. Deren Mittelpunkt bildet auf 16 korinthischen Säulen ein halbrunder Porticus, der ein Wasserbecken umgibt. Es paßt zu diesem plinianischen Dekor, daß man im Inneren auf ein *maurisches Bad* stößt. Dessen goldflackernde Pracht erlaubten Inszenierungen etwa im Stil der Gemälde von Jean-Léon Gérôme und Lawrence Alma-Tadema. Sie beflügelten die Träumereien eines für den Exotismus empfänglichen Publikums.
Zu den prächtigsten Räumen gehören der Gartensaal mit Exedra und reichen Wand- und Deckenverkleidungen sowie der Festsaal im Obergeschoß mit Wänden in gelblichem Stuckmarmor und Bemalung der Halbbogenblenden von Ernst Hartmann.
Öffnungszeiten: Samstag 13–16 Uhr, Sonntag 11–14 Uhr und nach Absprache, Telefon 03 51/8 04 56 55.
Nachbar von Albrechtsberg ist die spätklassizistische Villa Stockhausen (41), 1850/53 erbaut für den Kammerherrn des Prinzen. Sie gehört in den architektonischen Zusammenhang des Schlosses, wenn auch die imperiale römische Wasserfront durch Weinbergterrassen ersetzt wird. Die Eingangsfront des Villenbaus mit zweigeschossigen Sandsteinfassaden über quadratischem Grundriß wird von achteckigen Türmen, die Gartenfront von eingeschossigen Kolonnaden flankiert. Das Gebäude dient heute Tagungen.
Der dritte Bau hingegen, Schloß Eckberg (42) von 1859/61 (Christian Friedrich Arnold), erbaut für den Großkaufmann John Daniel Souchay, schließt sich mit seiner Tudorgotik ikonographisch an ein Imperium anderer Art an, das handeltreibende britische Weltreich. Der feingegliederte Bau des heutigen Hotels zeigt noch einmal, was die Neugotik des 19. Jahrhunderts war, bevor sie sich im Historismus auflöste.
Im Mittelpunkt des Elbdorfes Loschwitz liegt der Dorfplatz, der Körnerplatz, mit der Ruine der barocken Dorfkirche. Von hier aus lohnt ein Gang in die Grundstraße.

Ein Museum in Leonhardis Quartier

Bei der Hausnummer 26 steht das Leonhardi-Museum (43). Der pittoreske Fachwerkkomplex ist mit mehreren Erkern ausgestattet, und die Ausfachungen wurden vom Maler Palmie um 1882 historisierend ausgemalt. In dem Gebäude des 17./18. Jahrhunderts lebte nach 1880 der romantische Landschaftsmaler Eduard Leonhardi.
Der Schüler Ludwig Richters richtete sich hier das Künstlerquartier „Rote Amsel" ein. Nach seinem Tod im Jahr 1905 wurde das Gebäude in ein Museum umgewandelt, und in wechselnder Anzahl werden seine Arbeiten präsentiert. Außerdem wird in einer dazugehörigen Galerie moderne Kunst gezeigt.
Öffnungszeiten: Dienstag bis Freitag 14–18 Uhr, Samstag, Sonntag 10–18 Uhr.

Zwei technische Wunderwerke ihrer Zeit verbinden Loschwitz mit dem **Weißen Hirsch**, dem Kurort am Hang: die 1895 eröffnete Standseilbahn und die Schwebeseilbahn (1891 bis 1900).

Die Siedlung am Hang wurde 1872 Kurort und avancierte in den folgenden Jahrzehnten zum besten Wohnviertel Dresdens. Sein gesellschaftlicher Mittelpunkt, das Lahmannsche Sanatorium, wurde 1867 gegründet und war bis 1945 in Betrieb. Zwischen 1916 und seiner Anstellung an der Kunstakademie 1919 weilte Oskar Kokoschka hier längere Zeit, um sich von seinen Kriegsverletzungen zu erholen.

Das 1914 eröffnete Park-Hotel (44) an der Bautzner Landstraße ist weitgehend originalgetreu erhalten. Von hier aus führt als schönste Villenstraße die Plattleite zur Bergstation der Standseilbahn. Von den Aussichtsterrassen geht der Blick elbabwärts bis zu den Türmen der Dresdner Stadtkrone.

Hängebrücke mit blauem Anstrich

Wieder zurück am Elbufer, steht man vor dem berühmten „Blauen Wunder“. Die Loschwitzer Hängebrücke mit dem blauen Anstrich wurde 1891/93 zur Entlastung der drei Dresdner Elbbrücken unter Leitung von Claus Köpcke erbaut. Ihre Spannweite: 141 Meter.

Die Konstrukteure schwelgten – zwei Jahre nach Einweihung des Eiffelturms – in der neuen Ästhetik der Eisenstreben mit ihrem geometrischen Filigran. Vor der Einweihung bestand die Brücke eine pittoreske Belastungsprobe – drei Dampfwalzen, eine Kompanie Soldaten, mit Steinen beladene Straßenbahnwagen und derlei Gewichte mehr – mit Schwankungen von bis zu zwei Zentimetern glorios.

Auf der anderen Elbseite liegt **Blasewitz**. Um 1900 waren in dem Vorort von 774 Häusern nur 60 keine Villen. 1863 hatte die noch unabhängige Gemeinde Blasewitz für ihre Neubürger ein strenges Bauregulativ erlassen, das neben der offenen Villenbebauung sogar die Form der Gartenmauern (Vierkantpfeiler an den Ecken und die Durchsicht ermöglichenden Gitter dazwischen) vorgab. Die in der Mehrzahl historistischen Bauten, etwa in der Goethe-, Händel- und Mendelssohnallee, sind meist aufwendig gegliedert und unter anderem mit Erkern, Türmchen und Veranden geschmückt. Bemerkenswert sind auch die Häuser der Loschwitzer Straße.

Im benachbarten Stadtteil **Striesen** steht in der Wittenberger Straße die 1905/09 errichtete Versöhnungskirche (45), die der Künstler Otto Gußmann ausgestaltet hat. Er lieferte beispielsweise den Gesamtentwurf für die Innenraumfarbigkeit. Die Malereien im Chor sowie die figürlichen Darstellungen am Triumphbogen wurden von ihm selbst ausgeführt. Für die Glasfenster im Altarraum entwarf Gußmann die Sünderin vor Christus, die Heimkehr des Verlorenen Sohnes und die Kreuzigung Christi.

Kuppelbau im Johannisfriedhof von Tolkewitz

Lohnend in **Tolkewitz** ist der Johannisfriedhof. Gleich am Eingang beeindruckt die Parentationshalle (46). Sie wurde 1894 von Paul Wallot im Stil des Klassizismus als Kuppelbau mit seitlichen Flügelbauten errichtet.

Auf dem Friedhof befinden sich zahlreiche qualitätvolle Grabdenkmäler des Historismus und Jugendstils. Von 1900 stammt beispielsweise ein *Wandgrabmal* für Schmidt-Adensamer, das Max Klinger entworfen hat. Es ist in der Art eines Grufthauses aus Bossenrustika gestaltet. Das antik anmutende Portal wird

Im Dresdner Stadtteil Loschwitz befindet sich in der Grundstraße das Leonhardi-Museum. In dem Gebäude des 17./18. Jahrhunderts lebte nach 1880 der romantische Landschaftsmaler Eduard Leonhardi. Der Schüler Ludwig Richters richtete sich hier das Künstlerquartier „Rote Amsel“ ein.

von zwei weiblichen Reliefdarstellungen flankiert, die Tür zeigt ein florales Jugendstilornament.

Den *Urnenhain* an der Wehlener Straße gestalteten ab 1911 Willy Meyer und Paul Wolf als Gesamtjugendstilanlage. Auch hier finden sich einige sehr kunstvolle Grabdenkmäler. Zahlreiche verschlungene und ornamental wirkende Wege umgeben das 1908 bis 1912 aus Sandstein erbaute *Krematorium*, das zur Elbe hin ausgerichtet ist. Der Entwurf stammt von Fritz Schumacher.

Eine der reizvollsten Kirchen Dresdens ist die reich ausgestattete evangelische Pfarrkirche (47) von **Leubnitz-Neustra**. Malerisch in der Menzelgasse auf einer Anhöhe gelegen, entstand sie während der Gotik und des Barock. Die Holzdecke des Saals bemalte 1671 aufwendig Gottfried Lucas. Dargestellt ist unter anderem das Jüngste Gericht. Von ausgezeichneter Qualität ist der Sandsteinaltar von 1730. Das Altarrelief zeigt den Gekreuzigten mit Maria und Maria Magdalena. Aufwendig gestaltet sind Epitaphien.

Der künstlerische Höhepunkt der linkselbischen Vororte ist die Christuskirche (48) in **Strehlen**. 1903/05 von der Architektenfirma Schilling und Gräbner errichtet, ist sie einer der ganz wenigen Kirchenbauten des Jugendstils. Mit ihrem 66 Meter hohen Turmpaar dominiert die erhöht liegende Kirche den Stadtteil. Otto Gußmann schuf die Ausmalung und die Fensterbilder. Die Kirche zeigt, wie der Jugendstil auch Form und Raum sein kann, wenn er sich nicht nur als dekoratives Element erschöpft.

Das früheste Baudenkmal des Dresdner Barock liegt nördlich von Strehlen. Einen knappen Kilometer vor den Stadtmauern ließ Kurprinz Johann Georg III. ab 1676 einen Lustgarten mit Lustschlößchen anlegen: den Großen Garten. Johann Friedrich Karcher schuf ihn als französischen Garten. Ab 1873 wurde der nordöstliche Teil zum englischen Landschaftspark umgestaltet.

Das 1678/83 von Johann Georg Starcke erbaute Palais (49), das nach schweren Bombentreffern im Außenbau wiederhergestellt wird, liegt im Schnittpunkt der Achsen des Gartens. Sämtliche Fassaden bestehen aus sächsischem Sandstein und sind mit reichem plastischen Schmuck versehen. Zwischen dem üppigen vegetabilen Dekor befinden sich zahlreiche Figuren der Antike.

Der Skulpturenschmuck im Großen Garten wurde weitgehend 1760 zerstört. Zu den bemerkenswertesten erhaltenen Stücken zählt die fast drei Meter hohe Gruppe „Die Zeit entführt die Schönheit" im Rondell vor dem Palais. Pietro Balesta fertigte sie im Jahr 1720 aus Carrara-Marmor: Die Figur des Chronos trägt im Laufschritt eine weibliche, sich zierende Gestalt fort. Einen Putto zu ihren Füßen rührt das zu Tränen.

Skulpturenschmuck im Großen Garten

Der Skulpturenschmuck des Gartens wurde großenteils 1760 durch das belagernde preußische Heer zerstört. Zu den bemerkenswertesten erhaltenen Stücken zählen die Gruppe *„Die Zeit entführt die Schönheit"* im Gartenparterre am Palais (1720, Pietro Balesta) und die vier großen *Herkulesstatuen* der nach ihnen benannten nördlichen Allee (1690, Lorenzo Mattielli). Bedeutend sind auch die Figurengruppen von etwa 1720 am östlichen Haupteingang. Sie zeigen Motive aus den Ovid'schen Metamorphosen. Vermutlich war es Johann Christian Kirchner, der Meleager und Atalante, Adonis, Venus und Amor darstellte.

Zu den wenigen unzerstört gebliebenen Ensembles der ab den 1860er Jahren erschlossenen **Johannstadt** zählen am Güntzplatz das Stadthaus Johannstadt (50), das 1910/11 von Hans Erlwein erbaut wurde, und die gegenüberliegende Kunstgewerbeakademie (1901/08), in der sich Elemente des Jugendstils mit der Dresdner Barocktradition vereinigen.

Der erste bedeutende Profanbau in Sachsen nach dem Dreißigjährigen Krieg war das Palais im Großen Garten, das 1678/83 von Johann Georg Starcke erbaut wurde. Es war zugleich das erste barocke Gartenpalais Dresdens. Die Fassaden sind mit reichem plastischem Schmuck versehen. In den Giebelfeldern der Ost- und Westseite sieht man das Wappen der Wettiner mit dem Kurhut zwischen allegorischen Figuren.

Meißen war die Residenzstadt der Wettiner. So erhielt die Burg mit dem bedeutenden Wendelstein den Namen Herzog Albrechts. Gleich daneben steht der gotische Dom, der nicht nur die Fürstenkapelle zu bieten hat. Zeit sollte man sich nehmen für die Porzellan-Manufaktur. Den Schluß der Tour bilden die Schlösser Scharfenberg und Diesbar-Seußlitz.

Eine majestätische Erscheinung am Nordrand des Elbtalkessels ist **Meißen**, die erste Residenz der Wettiner. Die Albrechtsburg mit dem Dom und Bischofsturm sowie der Sankt-Afra-Berg mit der Klosterkirche und der Fürstenschule blikken hinab ins Triebischtal und in die Stadt mit ihren hundert kleinen Gassen. Die Silhouette spiegelt sich samt Brücke in der still vorbeiströmenden Elbe wider.

Nachdem der deutsche König, Heinrich I., im Jahr 929 auf seinem Feldzug gegen die Sorben in diese seit Jahrhunderten slawische Region vorgestoßen war, ließ er auf dem Burgberg ein befestigtes Militärlager anlegen, aus dem sich die Reichsburg Meißen (968 Misna oder Misina, um 1500 Meissin) entwickelte. Der Sohn Heinrichs, Kaiser Otto I., schuf 965 die Mark Meißen und damit den Sitz des Markgrafen. Als weitere Herrschaftsgewalten kamen hinzu: 968 der erste Meißner Bischof Buchard und 1068 ein kaiserlicher Burggraf.

Der erste aus der Fürstenfamilie von Wettin, der als Markgraf in Meißen residierte, war Heinrich von Eilenburg. Mit ihm begann die ununterbrochene Herrschaft (1089–1918) der Wettiner über Meißen-Sachsen. 1123 nahm der Ahnvater der sächsischen Kurfürsten und Könige, Konrad der Große, die Mark endgültig unter wettinische Fittiche und erwarb schnell weitere Gebiete wie das Elbgau Nisan mit dem späteren Dresden. Kaiser Lothar von Sachsen nämlich eignete dem Grafen in jenem Jahr Meißen und Umgebung als erblichen Besitz zu.

Allmählich wuchs eine Siedlung. 1150 legten deutsche Kolonisten einen Ort um den Markt an. Die eigentliche Stadtgründung fand vermutlich Anfang des 13. Jahrhunderts statt. Von einer Mauer soll Meißen ab 1256 umgeben gewesen sein. 1291 war von der ersten Elbbrücke die Rede und 1316 erstmals von einem Bürgermeister und elf Ratsleuten.

Als Dresden 1485 Hauptresidenz der Wettiner wurde, blieb Meißen politisch nur noch als Bischofssitz von Bedeutung. Wirtschaftlich allerdings machte sich die Stadt weltweit einen Namen mit dem Weinbau und der 1710 eingerichteten ersten Porzellan-Manufaktur Europas. Und spätestens mit Heinrich dem Erlauchten begann um die Wende von dem 12. zum 13. Jahrhundert auch eine bis heute anhaltende kulturell hochinteressante Entwicklung. Dafür stehen Namen wie Walther von der Vogelweide, Novalis, Kleist, Körner, Schlegel, Lessing, Fichte oder Böttger, Kaendler und Höroldt.

Hoch über Meißen thront der zwischen 1256 und 1260 begonnene <u>Dom</u>, der am Ende des 14. Jahrhunderts fertiggestellt worden ist. Zunächst hatte es auf dem Burgberg eine Bischofskirche aus dem 10. Jahrhundert gegeben, später, von 1006 bis 1073, einen romanischen Bau. An seinem Platz steht heute der gotische Dom.

Seine Westtürme wurden durch einen Sturm 1413 und einen Blitzschlag 1547 zerstört. Erst von 1904 bis 1908

Baukunst und in Meißen

Porzellan

Der Tafelaufsatz von 1752 zeigt die hohe Kunst Johann Joachim Kaendlers. Fein gearbeitet sind die Bergleute – darunter Berghauptmann, Pochjunge, Karrenläufer und Muldenträger – bei der Suche nach Erzen. Ihre sächsische Uniform wurde sogar mit Poliergold staffiert. Unter dem Bildhauer und Porzellanmodelleur begründete die Meißner Manufaktur den Ruhm europäischen Porzellans. Kaendler schreibt man etwa 1000 Einzelfiguren und Gruppen zu.

ließ der Karlsruher Architekt Carl Schäfer sie neu errichten, erweiterte die einstigen Entwürfe um ein viertes Stockwerk und krönte sie mit achteckigen neugotischen Aufbauten. Mit einer Höhe von 81 Metern scheinen sie sich gleichsam schwerelos dem Himmel entgegen zu strecken. Vermittelt wird der Eindruck durch die sogenannte Skelettbauweise und die besondere Anordnung betont nach oben weisender Zierformen.

In das Gotteshaus kommt der Besucher vom Domplatz durch die spätgotische *Fürstenkapelle*, die die Form eines zweijochigen Chores hat. Nachdem die Wettiner 1423 das Recht zur Kaiserwahl erlangt hatten, ließ Friedrich der Streitbare diese Kapelle dem Westportal der Hauptkirche vorlagern, um dort eine Grabstätte des Fürstengeschlechts einzurichten.

Fürstenkapelle des Domes: Grabstätte

Bedeutendstes Grabmal ist das des Kurfürsten selbst. Die Gestalt des Begründers des Kurfürstentums Sachsen ist lebensgroß dargestellt. Über und unter ihm sind die Gräber seiner beiden Söhne, Kurfürst Friedrich II. und Bischof Sigismund, links und rechts weitere sieben. Künstlerisch am wertvollsten sind die Metallgrabgußplatten im Stile der Spätgotik und der Renaissance aus der Nürnberger Vischer-Werkstatt. Peter Vischer d. Ä. werden die Grabplatten Herzog Albrechts († 1500) und der Kurfürstin Amalie († 1502) zugeschrieben. Ringsum, auf den feingliedrigen Arkaden der Tumbawände, stehen Vertreter des trauernden Hofes in zeitgenössischer Tracht des 15. Jahrhunderts.

Die architektonische Dominante dieser Kapelle ist der Durchgang zum Langhaus des Domes, das ehemalige Westportal. Links und rechts des Gewändes stehen auf Postamenten und unter Baldachinen die Figuren der Domheiligen, des Evangelisten Johannes sowie des Bischofs Donatus. Die Figurenreihung über dem Portalbogen stellt das Jüngste Gericht dar.

Sehenswertes in der Georgskapelle

In die Südwestecke von Westturmfront und Fürstenkapelle wurde 1521/24 die *Georgskapelle* mit ihrem geschweiften Mansarddach von 1718 eingefügt. Bemerkenswert ist das Portal, das als das stilreinste und älteste der Frührenaissance in Sachsen gilt. In dem kleinen spätgotischen Bau sind Platten zu finden, die vermutlich aus der Freiberger Gießhütte Hillger stammen. An der Ostwand der Kapelle hängt ein bewundernswertes *Triptychon* von *Lucas Cranach d. Ä.* aus dem Jahr 1534. Das Relief der Portalkrönung zeigt die Beweinung Christi.

Wunderschön an der Elbe gelegen, grüßen schon von weitem Albrechtsburg und Dom – Wahrzeichen der Stadt Meißen. Der Sakralbau, der als das bedeutendste Bauwerk des Mittelalters in Sachsen gilt, wurde vor 1260 unter Bischof Konrad begonnen. 1471 war Baubeginn der Burg. Der erst seit der Erneuerung 1676 übliche Name erinnert an den Bauherrn Albrecht. Zu Füßen des Burgbergs, der um 930 erstmals befestigt wurde, liegt die Altstadt.

Als Hauptportal des Domes wurde um 1370 das Westportal angelegt. Reliefzonen zeigen die Geburt Christi und darüber die Anbetung durch die Heiligen Drei Könige. Über einer Aposteltreppe thront der Weltenrichter zwischen Maria und Johannes. Friedrich der Streitbare ließ dem Portal die Fürstenkapelle als Grabstätte des Fürstengeschlechts vorlagern. Von großer Bedeutung ist sein eigenes Grabmal.

Läßt der Besucher die beiden Kapellen hinter sich, tritt er ins Mittelschiff des Langhauses. Das mißt vom Fußboden bis zum Gewölbescheitel 18 Meter, wirkt jedoch wesentlich höher durch die beidseits angeordneten, zum Kreuzrippengewölbe nach oben strebenden Bündelpfeiler.
Als zentraler Punkt des Raumes zieht der *Hohe Chor* mit seinen großen farbverglasten Fenstern die Blicke auf sich. Der Hauptaltar wird einem niederländisch geschulten Meister vom Anfang des 16. Jahrhunderts zugeschrieben. Seine andachtsvolle Malerei zeigt die Anbetung des Kindes durch die drei Könige in der Mitte, flankiert von je zwei Aposteln auf den Flügelbildern.
Der Laienaltar vor dem Lettner dürfte 1526 in der Cranach-Werkstatt geschaffen worden sein. Die leuchtenden Farben der Bemalung des Flügelaltars sind noch die ursprünglichen. Auf der Mitteltafel oben sieht der Betrachter die Kreuzigung Christi, unten links Abrahams Opfer mit dem Stifterbildnis und rechts die Aufrichtung der Ehernen Schlange. Die Seitenflügel des geöffneten Altars zeigen je drei Bilder zur Legende der Auffindung des heiligen Kreuzes. Die Altar-Garnitur aus Meißner Porzellan ist ein Duplikat des 1762 an den Vatikan gelieferten Originals.
Der mittlere Teil des Hohen Chores ist den Schutzheiligen des Domes, Bischof Donatus und Evangelist Johannes, und den Stiftern, König Otto I. und Gemahlin, gewidmet. Ihre überlebensgroßen Steinskulpturen schufen im Jahr 1260 die Meister der Naumburger Werkstatt.
Zur bemerkenswerten Ausstattung des Domes gehört außerdem eine Kanzel in den schlichten Formen der Spätrenaissance. Mit ihr war im Jahre 1591 der Innenausbau des Gotteshauses im wesentlichen abgeschlossen.

Neogotische Mosaike im mittleren Tor der Albrechtsburg

In engster Nachbarschaft zum Dom steht nördlich die Albrechtsburg. Zunächst gelangt man zum mittleren *Burgtor*, das 1874/75 in neogotischer Manier umgebaut wurde. Dabei erhielt es zwei große Mosaikbilder, die den Ritter Georg und Johannes als Dompatronen darstellen.
Namensgeber der Burg, in deren Festsaal am 3. Oktober 1990 der Freistaat Sachsen begründet wurde, war Herzog Albrecht. Er und sein mitregierender Bruder Kurfürst Ernst ließen sich die alte Burg umbauen für zwei getrennte Hofhaltungen und eine gemeinsame Landesverwaltung.
Die Bauarbeiten begannen 1472 nach Plänen des sächsischen Oberlandbaumeisters Arnold von Westfalen, der hier deutsche Baugeschichte

Der große Wendelstein auf der Hofseite der Albrechtsburg gilt als Deutschlands früheste Treppenanlage, die einer Fassade vorgesetzt wurde. Die normalerweise massive Spindel wurde durch drei filigrane und gekehlte Sandsteinsäulen aufgelöst, um die sich die Wendeltreppe mit ihren 113 Stufen schraubt. Dadurch wirkt die Konstruktion leicht und elegant.

Feuer und wurde heilig gesprochen. Noch heute ist sie Schutzpatronin der Diözese Augsburg.
Die heutige gotische Afra-Kirche gehört architektonisch ins 13. bis 15. Jahrhundert. Der Barockturm kam 1766 hinzu. Einst als dreischiffige Basilika mit langgezogenem Chor gebaut, muß sie in spätgotischer Farbenpracht geleuchtet haben. Besonders im Licht der Mittagszeit kommt die warme, nach alten Funden wiederhergestellte Farbstimmung im Innern herrlich zur Geltung: rot angelegte Pfeiler, Bögen und Rippen, dahinter das Weiß der Wände. Um die Gewölbeschlußsteine aufgemalte Rosetten beleben das Bild zusätzlich.
Die bemalte und vermutlich von dem Bildschnitzer Valentin Otte gefertigte frühbarocke *Kanzel* stammt von 1657. Den achteckigen Korb trägt eine Figur des Jonas, der gerade vom Wal ausgespieen wird. Diese Szene wurde wahrscheinlich hundert Jahre später von Kaendler hinzugefügt.
In den direkt anschließenden Gebäuden des 1539 aufgelösten St.-Afra-Klosters richtete Herzog Moritz 1543 die berühmte Fürsten- und Landesschule ein. Von 1877 bis 1879 wurde sie südlich davon als klassizistische Dreiflügelanlage neu errichtet. Zu den berühmtesten Absolventen der Schule gehörten Gotthold Ephraim Lessing, Christian Fürchtegott Gellert und der Arzt und Begründer der Homöopathie Friedrich Samuel Hahnemann. Seit dem Jahr 1992 befindet sich in diesen Gebäuden ein Gymnasium.
Auf der anderen Seite der Elbe, in Meißen-Zscheila, steht auf einer Anhöhe die Trinitatiskirche. Sie ist ein frühgotischer Bau aus der Mitte des 13. Jahrhunderts. Die Gewölbe im Schiff wurden 1667/69 eingezogen. Im Chor finden sich gotische Malereien, unter anderem das Jüngste Gericht und Christus in der Mandorla. Den Altar schuf vermutlich Valentin Otte um das Jahr 1655.

Siebeneichen heißt das Schloß in Scharfenberg

Südlich von der Stadt Meißen und dem Spaargebirge ragt in **Scharfenberg** links über dem Elbtal auf einem Bergsporn Schloß Siebeneichen hervor. Einer der Schloßherren, Ernst Haubold von Miltitz (1739–1774), der mit Gellert befreundet war und oft von Novalis besucht wurde, ging als Förderer Johann Gottlieb Fichtes in die Geschichte ein.
Der begüterte Ernst Moritz von Miltitz, der als Rat des Kurfürsten unter anderem die Erweiterung des Dresdner Schlosses zu beaufsichtigen hatte, ließ sich um 1550 auf dem Gelände des bereits

Bei der Innen-Renovierung nach 1920 entdeckte man in der Meißner Frauenkirche St. Marien den spätgotischen Altarschrein wieder, der vermutlich in den Jahren 1480/90 in einer Meißner Werkstatt geschnitzt worden ist. Prachtvoll dargestellt ist die Marienkrönung, die flankiert wird von Reliefs mit Szenen aus dem Leben Mariens und Jesu. Der Goldgrund wurde sehr aufwendig punziert.

Als Hauptportal des Domes wurde um 1370 das Westportal angelegt. Reliefzonen zeigen die Geburt Christi und darüber die Anbetung durch die Heiligen Drei Könige. Über einer Aposteltreppe thront der Weltenrichter zwischen Maria und Johannes. Friedrich der Streitbare ließ dem Portal die Fürstenkapelle als Grabstätte des Fürstengeschlechts vorlagern. Von großer Bedeutung ist sein eigenes Grabmal.

Läßt der Besucher die beiden Kapellen hinter sich, tritt er ins Mittelschiff des Langhauses. Das mißt vom Fußboden bis zum Gewölbescheitel 18 Meter, wirkt jedoch wesentlich höher durch die beidseits angeordneten, zum Kreuzrippengewölbe nach oben strebenden Bündelpfeiler.

Als zentraler Punkt des Raumes zieht der *Hohe Chor* mit seinen großen farbverglasten Fenstern die Blicke auf sich. Der Hauptaltar wird einem niederländisch geschulten Meister vom Anfang des 16. Jahrhunderts zugeschrieben. Seine andachtsvolle Malerei zeigt die Anbetung des Kindes durch die drei Könige in der Mitte, flankiert von je zwei Aposteln auf den Flügelbildern.

Der Laienaltar vor dem Lettner dürfte 1526 in der Cranach-Werkstatt geschaffen worden sein. Die leuchtenden Farben der Bemalung des Flügelaltars sind noch die ursprünglichen. Auf der Mitteltafel oben sieht der Betrachter die Kreuzigung Christi, unten links Abrahams Opfer mit dem Stifterbildnis und rechts die Aufrichtung der Ehernen Schlange. Die Seitenflügel des geöffneten Altars zeigen je drei Bilder zur Legende der Auffindung des heiligen Kreuzes. Die Altar-Garnitur aus Meißner Porzellan ist ein Duplikat des 1762 an den Vatikan gelieferten Originals.

Der mittlere Teil des Hohen Chores ist den Schutzheiligen des Domes, Bischof Donatus und Evangelist Johannes, und den Stiftern, König Otto I. und Gemahlin, gewidmet. Ihre überlebensgroßen Steinskulpturen schufen im Jahr 1260 die Meister der Naumburger Werkstatt.

Zur bemerkenswerten Ausstattung des Domes gehört außerdem eine Kanzel in den schlichten Formen der Spätrenaissance. Mit ihr war im Jahre 1591 der Innenausbau des Gotteshauses im wesentlichen abgeschlossen.

Neogotische Mosaike im mittleren Tor der Albrechtsburg

In engster Nachbarschaft zum Dom steht nördlich die Albrechtsburg. Zunächst gelangt man zum mittleren *Burgtor*, das 1874/75 in neogotischer Manier umgebaut wurde. Dabei erhielt es zwei große Mosaikbilder, die den Ritter Georg und Johannes als Dompatronen darstellen.

Namensgeber der Burg, in deren Festsaal am 3. Oktober 1990 der Freistaat Sachsen begründet wurde, war Herzog Albrecht. Er und sein mitregierender Bruder Kurfürst Ernst ließen sich die alte Burg umbauen für zwei getrennte Hofhaltungen und eine gemeinsame Landesverwaltung.

Die Bauarbeiten begannen 1472 nach Plänen des sächsischen Oberlandbaumeisters Arnold von Westfalen, der hier deutsche Baugeschichte

Der große Wendelstein auf der Hofseite der Albrechtsburg gilt als Deutschlands früheste Treppenanlage, die einer Fassade vorgesetzt wurde. Die normalerweise massive Spindel wurde durch drei filigrane und gekehlte Sandsteinsäulen aufgelöst, um die sich die Wendeltreppe mit ihren 113 Stufen schraubt. Dadurch wirkt die Konstruktion leicht und elegant.

Feuer und wurde heilig gesprochen. Noch heute ist sie Schutzpatronin der Diözese Augsburg.

Die heutige gotische Afra-Kirche gehört architektonisch ins 13. bis 15. Jahrhundert. Der Barockturm kam 1766 hinzu. Einst als dreischiffige Basilika mit langgezogenem Chor gebaut, muß sie in spätgotischer Farbenpracht geleuchtet haben. Besonders im Licht der Mittagszeit kommt die warme, nach alten Funden wiederhergestellte Farbstimmung im Innern herrlich zur Geltung: rot angelegte Pfeiler, Bögen und Rippen, dahinter das Weiß der Wände. Um die Gewölbeschlußsteine aufgemalte Rosetten beleben das Bild zusätzlich.

Die bemalte und vermutlich von dem Bildschnitzer Valentin Otte gefertigte frühbarocke *Kanzel* stammt von 1657. Den achteckigen Korb trägt eine Figur des Jonas, der gerade vom Wal ausgespieen wird. Diese Szene wurde wahrscheinlich hundert Jahre später von Kaendler hinzugefügt.

In den direkt anschließenden Gebäuden des 1539 aufgelösten St.-Afra-Klosters richtete Herzog Moritz 1543 die berühmte Fürsten- und Landesschule ein. Von 1877 bis 1879 wurde sie südlich davon als klassizistische Dreiflügelanlage neu errichtet. Zu den berühmtesten Absolventen der Schule gehörten Gotthold Ephraim Lessing, Christian Fürchtegott Gellert und der Arzt und Begründer der Homöopathie Friedrich Samuel Hahnemann. Seit dem Jahr 1992 befindet sich in diesen Gebäuden ein Gymnasium.

Auf der anderen Seite der Elbe, in Meißen-Zscheila, steht auf einer Anhöhe die Trinitatiskirche. Sie ist ein frühgotischer Bau aus der Mitte des 13. Jahrhunderts. Die Gewölbe im Schiff wurden 1667/69 eingezogen. Im Chor finden sich gotische Malereien, unter anderem das Jüngste Gericht und Christus in der Mandorla. Den Altar schuf vermutlich Valentin Otte um das Jahr 1655.

Siebeneichen heißt das Schloß in Scharfenberg

Südlich von der Stadt Meißen und dem Spaargebirge ragt in **Scharfenberg** links über dem Elbtal auf einem Bergsporn Schloß Siebeneichen hervor. Einer der Schloßherren, Ernst Haubold von Miltitz (1739–1774), der mit Gellert befreundet war und oft von Novalis besucht wurde, ging als Förderer Johann Gottlieb Fichtes in die Geschichte ein.

Der begüterte Ernst Moritz von Miltitz, der als Rat des Kurfürsten unter anderem die Erweiterung des Dresdner Schlosses zu beaufsichtigen hatte, ließ sich um 1550 auf dem Gelände des bereits

Bei der Innen-Renovierung nach 1920 entdeckte man in der Meißner Frauenkirche St. Marien den spätgotischen Altarschrein wieder, der vermutlich in den Jahren 1480/90 in einer Meißner Werkstatt geschnitzt worden ist. Prachtvoll dargestellt ist die Marienkrönung, die flankiert wird von Reliefs mit Szenen aus dem Leben Mariens und Jesu. Der Goldgrund wurde sehr aufwendig punziert.

Als Hauptportal des Domes wurde um 1370 das Westportal angelegt. Reliefzonen zeigen die Geburt Christi und darüber die Anbetung durch die Heiligen Drei Könige. Über einer Aposteltreppe thront der Weltenrichter zwischen Maria und Johannes. Friedrich der Streitbare ließ dem Portal die Fürstenkapelle als Grabstätte des Fürstengeschlechts vorlagern. Von großer Bedeutung ist sein eigenes Grabmal.

Läßt der Besucher die beiden Kapellen hinter sich, tritt er ins Mittelschiff des Langhauses. Das mißt vom Fußboden bis zum Gewölbescheitel 18 Meter, wirkt jedoch wesentlich höher durch die beidseits angeordneten, zum Kreuzrippengewölbe nach oben strebenden Bündelpfeiler.

Als zentraler Punkt des Raumes zieht der *Hohe Chor* mit seinen großen farbverglasten Fenstern die Blicke auf sich. Der Hauptaltar wird einem niederländisch geschulten Meister vom Anfang des 16. Jahrhunderts zugeschrieben. Seine andachtsvolle Malerei zeigt die Anbetung des Kindes durch die drei Könige in der Mitte, flankiert von je zwei Aposteln auf den Flügelbildern.

Der Laienaltar vor dem Lettner dürfte 1526 in der Cranach-Werkstatt geschaffen worden sein. Die leuchtenden Farben der Bemalung des Flügelaltars sind noch die ursprünglichen. Auf der Mitteltafel oben sieht der Betrachter die Kreuzigung Christi, unten links Abrahams Opfer mit dem Stifterbildnis und rechts die Aufrichtung der Ehernen Schlange. Die Seitenflügel des geöffneten Altars zeigen je drei Bilder zur Legende der Auffindung des heiligen Kreuzes. Die Altar-Garnitur aus Meißner Porzellan ist ein Duplikat des 1762 an den Vatikan gelieferten Originals.

Der mittlere Teil des Hohen Chores ist den Schutzheiligen des Domes, Bischof Donatus und Evangelist Johannes, und den Stiftern, König Otto I. und Gemahlin, gewidmet. Ihre überlebensgroßen Steinskulpturen schufen im Jahr 1260 die Meister der Naumburger Werkstatt.

Zur bemerkenswerten Ausstattung des Domes gehört außerdem eine Kanzel in den schlichten Formen der Spätrenaissance. Mit ihr war im Jahre 1591 der Innenausbau des Gotteshauses im wesentlichen abgeschlossen.

Neogotische Mosaike im mittleren Tor der Albrechtsburg

In engster Nachbarschaft zum Dom steht nördlich die Albrechtsburg. Zunächst gelangt man zum mittleren *Burgtor*, das 1874/75 in neogotischer Manier umgebaut wurde. Dabei erhielt es zwei große Mosaikbilder, die den Ritter Georg und Johannes als Dompatronen darstellen.

Namensgeber der Burg, in deren Festsaal am 3. Oktober 1990 der Freistaat Sachsen begründet wurde, war Herzog Albrecht. Er und sein mitregierender Bruder Kurfürst Ernst ließen sich die alte Burg umbauen für zwei getrennte Hofhaltungen und eine gemeinsame Landesverwaltung.

Die Bauarbeiten begannen 1472 nach Plänen des sächsischen Oberlandbaumeisters Arnold von Westfalen, der hier deutsche Baugeschichte

Der große Wendelstein auf der Hofseite der Albrechtsburg gilt als Deutschlands früheste Treppenanlage, die einer Fassade vorgesetzt wurde. Die normalerweise massive Spindel wurde durch drei filigrane und gekehlte Sandsteinsäulen aufgelöst, um die sich die Wendeltreppe mit ihren 113 Stufen schraubt. Dadurch wirkt die Konstruktion leicht und elegant.

schrieb: Die Gemäuer kennzeichnen den Übergang von der Burg- zur Schloßarchitektur und gelten somit als erster deutscher Schloß- und bedeutendster spätgotischer Profanbau. Nach dem Tod Arnolds (1481) setzten Conrad Pflüger und Jakob Heilmann von Schweinfurth sein Werk fort. Die Fertigstellung zog sich hin bis 1525. Der Elbe zu überwiegt noch das Wehrhafte. Zur Hofseite hin dagegen erweist sich das Gebäude mit seinen breiten, großflächigen und dekorativen Vorhangbogenfenstern als wohnliches und repräsentatives Schloß.

Auf der Hofseite: großer Wendelstein

Der große Wendelstein auf der Hofseite stellt das früheste Beispiel deutscher Architektur einer der Fassade vorgesetzten Treppenanlage dar. Zudem wurde die sonst übliche massive Spindel der Wendeltreppe durch drei filigrane Sandsteinsäulen aufgelöst. So verleiht die Konstruktion den sich um die Turmachse windenden 113 Stufen eine leichte Eleganz.
Kühn ist auch die Lösung für eine Art Strebesystem im Mauerwerk. Äußerlich nicht sichtbar werden die Mauern von unten nach oben immer stärker, denn das Gewicht der oberen Geschosse mußte abgefangen werden, da der Felshang eine vorgelagerte Stützmauer nicht zuläßt.
Die gotischen Bau- und Zierformen wie die Spitz- und Vorhangbögen, die Kreuzblumen, die Fialen sowie die fratzenhaft gestalteten Wasserspeier an den Traufkanten der Dächer kennzeichnen den spätgotischen Stil der Albrechtsburg. Auf kurfürstliche Repräsentation zugeschnitten waren die durchgängig horizontal in zunächst drei Stockwerken geordneten Salons und Säle, die großen Fenster, die Dreiecksgiebel und die Lukarnen (Dachfenster).
Die großartigsten Räume sind der Remter sowie der Große und Kleine Bankettsaal. Die Zimmer im zweiten Geschoß sind mit kunstvollen Rippengewölben ausgestattet. Dort befindet sich heute eine Sammlung mittelalterlicher Skulpturen. Die Ausmalung in Wachstechnik von etwa 1870 gilt als einmaliges Zeugnis Dresdner Historienmalerei. Parterre zeigt das Schloßmuseum eine Exposition zur Baugeschichte.
Öffnungszeiten: März bis November 10–18 Uhr. Dezember bis Februar 10–17 Uhr.

Unter dem Bildhauer Johann Joachim Kaendler, der im Jahr 1731 von August dem Starken an die Meißner Porzellan-Manufaktur gerufen wurde, entstand vor allem Tafelschmuck. Diese Funktion hatte auch die Gruppe „Schimmel mit Mohr“ von 1748, die in der reich bestückten Meißner Porzellan-Manufaktur ausgestellt ist.

Die Albrechtsburg wurde nie als Residenz der Wettiner genutzt. Denn nach ihrer Fertigstellung residierten die sächsischen Herrscher längst in Dresden. 1710 brachte August der Starke in den ungenutzten Schloßräumen die erste Porzellan-Manufaktur Europas unter. Drei Jahre später wurde eigens für das Unternehmen eine Zeichenschule eingerichtet. Dort arbeitete unter anderem Ludwig Richter (1803–1884), der von 1828 bis 1835 im Lehnshof vor dem Burgtor, in der Freiheit 2, lebte.
Bis zum Jahr 1719 leitete Johann Friedrich Böttger als Lokaladministrator die Porzellanmanufaktur. Seine Karriere jedoch begann weniger verheißungsvoll. Als 19jähriger Apotheker und Alchimist hatte er verlauten lassen, daß er nahe daran sei, Gold herstellen zu können. August der Starke holte ihn deshalb 1701 nach Dresden und ließ ihm eine Werkstatt im Keller des Belvedere auf der späteren Brühlschen Terrasse einrichten.

Böttger: vom Alchimisten zum Porzellan-„Erfinder“

Als Böttger ahnte, daß er den Wunsch des Gebieters nicht erfüllen konnte, floh er nach Preußen, wurde aber schnell wieder gefaßt. Der Kurfürst ließ ihn in den Georgenbau der Festung Königstein stecken. Nicht eher sollte der Gefangene den Kerker verlassen dürfen, bis er sein goldenes Versprechen einlösen würde. Böttger experimentierte mit rotem Ton aus Ockrilla bei Meißen. 1707 gelang ihm die Synthese jenes roten Steinzeugs, das er Jaspisporzellan nannte.
Einigermaßen zufriedengestellt, erlaubte August die Rückkehr des Alchimisten in seine Dresdner Werkstatt, wo nach einem Jahr das weiße Hartporzellan kreiert war. Zu den neuen Experimenten, diesmal unter Verwendung von Kaolin, hatte den Ex-Apotheker der Gelehrte Graf Ehrenfried Walter von Tschirnhaus (1651 bis 1708) angeregt.
Sofort nach der Erfindung des weißen Goldes richtete August der Starke die Manufaktur ein, ernannte Böttger zu deren Administrator und stellte ihm als Gestalter den talentierten Dresdner Hofgoldschmied Johann Jacob Irminger zur Seite.
In der Zeit von 1720 bis 1775 wirkte hier der „Vater der europäischen Porzellanmalerei“ Johann Gregorius

Rechts: Originell ausgestaltet ist die Nikolaikirche in Meißen. Als man die Kirche 1923/29 in eine Gedenkstätte für die Gefallenen des Ersten Weltkrieges umwandelte, schuf Paul Börner eine hervorragende Ausstattung aus Meißner Porzellan. Für das Schiff fertigte er große Tafeln, auf denen zwischen Reliefbändern mit kleinen knieenden Figuren die Namen der Gefallenen stehen. Rechts und links kauern Frauen mit Kandelabern.

Höroldt, der heute noch als bedeutendster Künstler der Manufaktur gilt. Er entwickelte selbst die kräftigen leuchtenden Farben, die er meisterhaft bei den reizvollen Motiven nach chinesischen und japanischen Vorlagen verwendete. Als Modellmeister arbeitete von 1731 bis zu seinem Tod 1775 der berühmte Johann Joachim Kaendler.

Im Jahr 1863 verlegte man die Handfertigung der Manufaktur in einen industriellen Neubau in Meißen-Triebischtal, Talstraße 9, zwei Kilometer südwestlich des Stadtzentrums.

Kaendlers Tierplastiken, Figuren und Service, Höroldts Dekore sowie das Steinzeug von Böttger sind ausgestellt in der von 1913 bis 1916 erbauten Schauhalle der Manufaktur. Hier ist eine sehr repräsentative Auswahl aus der 20 000 Stücke umfassenden Sammlung aller Stilepochen Meißner Porzellankunst zu betrachten. Zum Museum gehört die Schauwerkstatt, wo man Porzellangestaltern und Handmalern bei der Arbeit zuschauen kann.

Öffnungszeiten: Schauhalle täglich 9–17 Uhr, Schauwerkstatt täglich 9–12 und 13–16 Uhr.

Auf wertvolle Arbeiten aus Meißner Porzellan stößt man auch in der Nikolaikirche am Neumarkt 29, in der Nähe der Manufaktur. Als man die kleine Kirche des 13. Jahrhunderts von 1923 bis 1929 in eine Gedenkstätte für die Gefallenen des Ersten Weltkrieges umwandelte, verwendete man ausschließlich dieses edle Material.

Nikolaikirche: über zwei Meter hohe Porzellanfiguren

Paul Börner schuf die trauernden und anklagenden Frauen mit ihren Kindern, die den Altar (1929) mit dem Gemälde des auferstandenen Christus flankieren. Mit über zwei Metern Höhe sind dies die größten Figuren, die jemals in der Meißner Manufaktur hergestellt worden sind. Aus Porzellan sind auch der maurische Bogen sowie die großen Tafeln mit den Namen der Gefallenen. Im Chor befinden sich Reste der romanischen Wandmalerei. An der Südwand sieht man etwa die Verkündigung, Heimsuchung und Geburt Christi.

Von der Kirche führt der Weg über die Talstraße, Neugasse und Fleischergasse in das alte Zentrum der Händler und Handwerker mit seinen denkwürdigen Bürgerhäusern. Auf der Nordseite des Marktes steht das aus mehreren früheren Bauten von 1472 bis 1482 umgebaute Rathaus. 1560 entstand die Apotheke, die 1717 ihren Barock-Erker erhielt.

Hoch über der Südwestseite des Marktes erklingen um 6.30, 8.30, 11.30, 14.30, 17.30 und 20.30 Uhr verschiedene Choralmotive. Angestimmt werden sie vom ersten spielbaren *Porzellanglockenspiel* der Welt. Paul Börner schuf die 37 Glocken 1929 zur Jahrtausendfeier der Stadt. Seitdem befindet sich das mechanische Spiel im 57 Meter hohen Turm der Frauenkirche St. Marien, einer dreischiffigen, spätgotischen Hallenkirche aus dem Jahr 1455.

An ihrer Stelle stand bereits Mitte des 12. Jahrhunderts eine romanische Kapelle, die mehrfach durch Brände beschädigt wurde. In dem heutigen Gotteshaus schließen schöne Netzgewölbe den Raum nach oben ab. Bei der Innen-Renovierung nach 1920 entdeckte man den spätgotischen Altarschrein wieder, der vermutlich 1480/90 in einer Meißner Werkstatt geschnitzt worden ist. Dargestellt ist die Marienkrönung, die flankiert wird von Reliefs mit Szenen aus dem Leben Mariens und Jesu.

An der Ostwand des Südschiffes befindet sich ein gemaltes Flügelretabel aus der Zeit um 1480. Dargestellt ist die Beweinung Christi. In der südlichen Seitenkapelle hängt außerdem das Gemälde vom Guten Hirten, das sich von 1848 bis 1929 auf dem Hauptaltar befand.

Öffnungszeiten: Mai bis September Montag bis Samstag 10–12 und 13–16 Uhr, Sonntag 11–16 Uhr.

Auf einem Hügel: St.-Afra-Kirche

Ebenfalls im 12. Jahrhundert entstand die St.-Afra-Kirche, die auf der Freiheit, auch Afranische Freiheit genannt, steht. Seit dem 13. Jahrhundert ist dieser Hügel mit dem Burgberg durch die Schloßbrücke verbunden.

1205 wurde auf dem Afraberg ein Augustiner-Chorherrenstift gegründet. Um diese Zeit kam auch die Verehrung der heiligen Afra auf. Nach ihrer Bekehrung durch Bischof Narzissus erlitt die ehemalige Prostituierte 303 oder 304 auf dem Lechfeld den Märtyrertod durch das

Feuer und wurde heilig gesprochen. Noch heute ist sie Schutzpatronin der Diözese Augsburg.
Die heutige gotische Afra-Kirche gehört architektonisch ins 13. bis 15. Jahrhundert. Der Barockturm kam 1766 hinzu. Einst als dreischiffige Basilika mit langgezogenem Chor gebaut, muß sie in spätgotischer Farbenpracht geleuchtet haben. Besonders im Licht der Mittagszeit kommt die warme, nach alten Funden wiederhergestellte Farbstimmung im Innern herrlich zur Geltung: rot angelegte Pfeiler, Bögen und Rippen, dahinter das Weiß der Wände. Um die Gewölbeschlußsteine aufgemalte Rosetten beleben das Bild zusätzlich.
Die bemalte und vermutlich von dem Bildschnitzer Valentin Otte gefertigte frühbarocke *Kanzel* stammt von 1657. Den achteckigen Korb trägt eine Figur des Jonas, der gerade vom Wal ausgespieen wird. Diese Szene wurde wahrscheinlich hundert Jahre später von Kaendler hinzugefügt.
In den direkt anschließenden Gebäuden des 1539 aufgelösten St.-Afra-Klosters richtete Herzog Moritz 1543 die berühmte Fürsten- und Landesschule ein. Von 1877 bis 1879 wurde sie südlich davon als klassizistische Dreiflügelanlage neu errichtet. Zu den berühmtesten Absolventen der Schule gehörten Gotthold Ephraim Lessing, Christian Fürchtegott Gellert und der Arzt und Begründer der Homöopathie Friedrich Samuel Hahnemann. Seit dem Jahr 1992 befindet sich in diesen Gebäuden ein Gymnasium.
Auf der anderen Seite der Elbe, in Meißen-Zscheila, steht auf einer Anhöhe die Trinitatiskirche. Sie ist ein frühgotischer Bau aus der Mitte des 13. Jahrhunderts. Die Gewölbe im Schiff wurden 1667/69 eingezogen. Im Chor finden sich gotische Malereien, unter anderem das Jüngste Gericht und Christus in der Mandorla. Den Altar schuf vermutlich Valentin Otte um das Jahr 1655.

Siebeneichen heißt das Schloß in Scharfenberg

Südlich von der Stadt Meißen und dem Spaargebirge ragt in **Scharfenberg** links über dem Elbtal auf einem Bergsporn Schloß Siebeneichen hervor. Einer der Schloßherren, Ernst Haubold von Miltitz (1739–1774), der mit Gellert befreundet war und oft von Novalis besucht wurde, ging als Förderer Johann Gottlieb Fichtes in die Geschichte ein.
Der begüterte Ernst Moritz von Miltitz, der als Rat des Kurfürsten unter anderem die Erweiterung des Dresdner Schlosses zu beaufsichtigen hatte, ließ sich um 1550 auf dem Gelände des bereits

Bei der Innen-Renovierung nach 1920 entdeckte man in der Meißner Frauenkirche St. Marien den spätgotischen Altarschrein wieder, der vermutlich in den Jahren 1480/90 in einer Meißner Werkstatt geschnitzt worden ist. Prachtvoll dargestellt ist die Marienkrönung, die flankiert wird von Reliefs mit Szenen aus dem Leben Mariens und Jesu. Der Goldgrund wurde sehr aufwendig punziert.

1394 urkundlich erwähnten Freigutes einen repräsentativen Familiensitz bauen. Seinen Namen erhielt das Anwesen vermutlich nach der knapp dreihundert Meter entfernten Blitzeiche.
Heute ist schwer vorstellbar, wie das Renaissanceschloß, in dem sich inzwischen die Heimvolkshochschule befindet, vor 400 Jahren ausgesehen haben könnte. Im Laufe der Zeit wurde die alte Vierflügelanlage mehrfach verändert und zudem im 18. Jahrhundert bei den Kämpfen um Meißen stark beschädigt. Außerdem baute Heinrich Gottlob von Miltitz das Haus 1748 modegemäß und kostspielig um und gab ihm damit das heute noch vorhandene äußere Gepräge. Dazu zählen die schmucklosen Nord- und Südflügel sowie der barocke Westteil, der nun als Hauptgebäude gilt.
Um die Laubengänge der Nord-, West- und Südgebäude als Räumlichkeiten nutzen zu können, ließ Heinrich die Arkaden im Innenhof einfach zumauern. Heute sind sie wieder offen. Im Südteil führt eine breite, teppichbelegte Treppe vom Erdgeschoß ins Vestibül, von dem aus unterschiedliche Räume abgehen. Ein sonniger Korridor, der die ganze Breite des Südflügels einnimmt, verbindet diese Halle mit dem hinteren Schloßteil. Hier ist jetzt eine Kunstgalerie untergebracht. In wechselnden Ausstellungen werden hauptsächlich die Werke von jungen Künstlern der Region gezeigt.
Öffnungszeiten: Samstag und Sonntag 14–18 Uhr und nach Absprache, Telefon 0 35 21/ 45 28 44.

Schloßbesuch in Diesbar-Seußlitz

Für einen kurzen Abstecher in Richtung Riesa lohnt sich **Diesbar-Seußlitz**, das zu dem kleinsten Weinanbaugebiet Deutschlands und dem nördlichsten Europas gehört. Bereits 1205 soll der Ort eine Wasserburg besessen haben. An seiner Stelle entstand später das Schloß. Die prächtige barocke Dreiflügelanlage wurde um 1726 nach Plänen von George Bähr im Anschluß an die Reste eines im Jahr 1271 gegründeten Klarissenklosters erbaut. Das heutige Gebäude dient als Altenheim.
Die ursprünglich gotische Kirche des alten Klosters, das bis 1541 bestand, wurde 1726 ebenfalls von Bähr umgebaut und von 1987 bis 1993 im traditionellen Stil restauriert. Der Innenausbau mit Orgel, Empore und Kanzelaltar stammt aus der Zeit der Umgestaltung.
Die barocke Gartenanlage stellte man bereits im Jahr 1953 wieder her. Zielpunkt des Landschaftsparks mit seinen barocken Plastiken ist die einen terrassierten Hang bekrönende *Heinrichsburg*. Ihr gegenüber, jenseits des Schlosses, steht ein Winzerhaus, die Luisenburg.

Die barocke Dreiflügelanlage des Schlosses von Diesbar-Seußlitz wurde um 1726 nach Plänen von George Bähr auf den Resten eines 1271 gegründeten Klarissenklosters erbaut. Bähr baute auch die ursprünglich gotische Kirche des alten Klosters um, das bis 1541 bestand. Von 1987 bis 1993 wurde sie restauriert. Die barocke Gartenanlage mit ihren Plastiken stellte man bereits 1953 wieder her. Jenseits des Schlosses steht ein Winzerhaus, die Luisenburg.

Einen Höhepunkt des sächsischen Barock verkörpert das Jagdschloß Moritzburg. Die inmitten eines Teiches gelegene Anlage bildet das Zentrum der Kulturlandschaft des Friedewalds. Seine Form verdankt es dem von August dem Starken in Auftrag gegebenen und 1736 abgeschlossenen Ausbau Pöppelmanns. Das Schloß diente vor allem dem Vergnügen. Der sächsische Hof veranstaltete hier seine üppigen Feste und Jagdveranstaltungen.

Schlösser zwi und

In Radebeul, das im Weinbaugebiet Lößnitztal liegt, lohnen Schloß Hoflößnitz mit seinem Weinbaumuseum und das von Knöffel erbaute Schloß Wackerbarths Ruh den Besuch. Großen Genuß verspricht Schloß Moritzburg, das Matthäus D. Pöppelmann umgestaltete. Im Park entzückt das Fasanenschlößchen. Etwas Besonderes ist die Gartenstadt Hellerau.

Traditionell ist das Lößnitztal vom Weinbau geprägt. Eingebettet in die Landschaft finden sich sehenswerte Zeugnisse sächsischer Baukultur: etwa Schloß Hoflößnitz und Wackerbarths Ruh.

Der Dreißigjährige Krieg, ab 1631 im Lande, hatte Sachsen schwer mitgenommen: Städte und Dörfer lagen verwüstet, vierzig von hundert Einwohnern waren erschlagen, geflohen oder an der Pest gestorben. Selbst in der Residenz war in den Jahren 1631/34 etwa die Hälfte der Bevölkerung an der Seuche gestorben.

Kurz nach Ende des Krieges erhielt Ezechiel Eckardt seinen ersten Auftrag vom Kurfürsten Johann Georg I. Ein Weinbergschlößchen sollte es sein. Eckardt, den Verhältnissen entsprechend, baute in der Zeit von 1648 bis 1650 Schloß Hoflößnitz im heutigen Stadtteil **Radebeul-Oberlößnitz**. Es wurde ein bescheidenes Gutshaus in Fachwerk, eingeschossig, mit einem achteckigen Treppenturm davor.

So schlicht das Gebäude von außen wirkt, so überraschend reich ist es innen. Decken und Wände des Obergeschosses überziehen farbenfrohe Bilder in überwältigender Fülle: exotische Vögel, Jagdgetier, Sinnbilder mit Sprüchen und mythologische Figuren. Die brasilianische Vogelwelt an der Decke stammt von dem Holländer Albert Eyckhout, der die Tiere aus eigenem Anschauen kannte. Etliches an den Wänden schufen Christian Schiebling und Centurio Wiebel. Heute ist ein *Weinbaumuseum* im Schloß untergebracht.

Öffnungszeiten: Dienstag bis Freitag, Sonntag 14–17 Uhr, Samstag 10–17 Uhr.

Graf August Christoph von Wackerbarth, Generalintendant der Zivil- und Militärgebäude seit 1695 und Generalfeldmarschall, war fünfundsechzig Jahre alt, als er sein Ministeramt 1728 an Jean de Bodt abgab. Seit 1710 hatte er bei Naundorf Weinberge gekauft, bis ihm ein großes Hanggrundstück gehörte.

Hier sollte sein Alterssitz entstehen: Schloß Wackerbarths Ruh im Stadtteil **Radebeul-Niederlößnitz**.

Mit dem Bau beauftragte er einen Mann der neuen Zeit, den Landbaumeister Johann Christoph Knöffel. Knöffel, der die strenge Architektur Longuelunes mit dem bewegten Barock Pöppelmanns verband, baute 1727/31 ein Schloß in klarer Blockform und einfacher Lisenenarchitektur, auf das er ein hohes Walmdach setzte. Wackerbarth war hier, nach mehr als drei Jahrzehnten rastloser Tätigkeit in Dresden, nur eine kurze Zeit der Ruhe vergönnt. Er starb 1734.

Beim Umbau 1853 ging Knöffels Bau weitgehend verloren. Erhalten blieben die französische Gartenanlage, die von Buchsbaumkegeln gesäumte, breit schwingende Treppe und der kostbare Gartenpavillon an deren Ende, das Belvedere. Heute ist Wackerbarths Ruh Sitz des Staatlichen Weingutes Radebeul.

Der Friedewald und die Moritzburger Teichlandschaft oberhalb der Lößnitz waren im Mittelalter Teil eines aus-

schen Weinbergen
Himmelsteichen

Auf der Terrasse von Schloß Moritzburg stehen unter anderem vier Piqueure. Es sind meisterhafte Skulpturen von Johann Christian Kirchner. Zwei der Figuren, die an die Funktion des Jagdschlosses erinnern, blasen in Jagdhörner. Auf der Terrasse befinden sich noch zahlreiche Putten und Vasen, die in bester Qualität gearbeitet sind.

gedehnten Grenzwaldes, der die slawischen Gaue Daleminze und Nisan (Meißen und Dresdner Elbkessel) einerseits und Milzena (Oberlausitz) andererseits trennte. Der Unterwerfung der Sorben im 10. Jahrhundert folgten die Einwanderung deutscher Bauern und die Großen Rodungen.

Um Moritzburg war einst Sumpfgebiet

Spätestens im 13. Jahrhundert drangen die Siedler in den Friedewald vor und gründeten das im Jahr 1295 erstmals genannte Dorf Eisenberg (Ysenberc), das heutige **Moritzburg**. Da der Boden nicht viel hergab, begann man ab 1502, die ertraglosen Sumpfgebiete einer naheliegenden Nutzung zuzuführen – es entstanden nach und nach die 46 „Himmelsteiche", Seen, die weitgehend aus Niederschlägen gespeist werden. 1675 bekam der Ort das Marktrecht verliehen. Kurfürst Johann Georg II. machte Eisenberg damit zum Marktflecken, zu einem Mitteldìng zwischen Stadt und Dorf, in dem sich nun auch Handwerker niederlassen konnten.

Als sich im 15. Jahrhundert die Wettiner, leidenschaftliche Jäger fast alle, Dresden zu ihrer Residenz machten, wandten sie ihr Interesse dem Friedewald zu. Herzog Moritz beauftragte 1542 Hans von Dehn-Rothfelser und Caspar Voigt von Wierandt mit dem Bau eines befestigten Jagdhauses.
Bis 1546 entstand auf einer felsigen Landzunge ein Schloß im Stil der Renaissance, ummauert und von vier Türmen umgeben. Nach dem Auftraggeber nannte man das „Fürstlich Jagthauß" die „Moritzburch".
Das 16. und 17. Jahrhundert hindurch beschränkte sich das Baugeschehen auf Reparaturen und Umbauten. Die wesentliche Ausnahme ist der Anbau der Schloßkapelle an der Ostseite des Komplexes, im Auftrag Johann Georgs II. von Wolf Caspar von Klengel 1660 begonnen. Der Bau – im wesentlichen bis heute erhalten – führt auf rechteckigem Grundriß durch zwei Geschosse und trägt ein Schweifdach samt Dachreiter. Der Innenausbau begann 1666 und endete 1672.
Neben dem Schloß Hoflößnitz ist hier ein weiteres Beispiel der Innenarchitektur

aus dem 17. Jahrhundert erhalten. Von 1691 bis 1694 ließ Johann Georg IV. die Renaissancegiebel des Fürstenhauses herabnehmen, ein Stockwerk und ein beidseitig abgewalmtes Satteldach aufsetzen. Seinen Plänen zur Umgestaltung des Friedewaldes machten die Blattern ein Ende.

Umgestaltung des Schlosses unter August dem Starken

Schloß Moritzburg die heutige Gestalt zu geben, blieb seinem Bruder, Kurfürst Friedrich August I., vorbehalten, der als König von Polen August II., später August der Starke genannt wurde.
Die großzügige Umgestaltung des Schlosses und seiner Umgebung begann mit dem Jahre 1723. Nach längeren Planungsphasen beauftragte August seinen Oberlandbaumeister Matthäus Daniel Pöppelmann mit dem Umbau – soweit es die Kassen und die anderen Interessen des Königs zuließen. Die wesentlichen Umbauarbeiten gelangten um 1736 zum Abschluß.
Die beiden südlichen Türme – Amts- und Jägerturm – wurden erhöht, die auf der Nordseite – Back- und Küchenturm – abgerissen und zwei Meter nördlich neu errichtet. Das alte fürstliche Jagdhaus, noch einmal erhöht, blieb als dreiachsiger Mittelrisalit Kern der Anlage. Neuangebaute Flügel und Seitengebäude verbanden es mit der Klengelschen Kapelle und mit den Rundtürmen. Als Gegengewicht zur Kapelle wurde 1726 an der Ostseite ein zweigeschoßhoher Speisesaal hinzugefügt.

Wettbewerb um Fassadengestaltung

Zusammen mit der Schloßterrasse im gleichen Jahr wurde der Rohbau abgeschlossen. Die Fassadengestaltung – auf weißem Grund ocker abgesetzte Lisenen und Spiegel auf genutetem Sockel – entwickelten Pöppelmann und Longuelune bis 1726 in einem Wettbewerb, dessen Ergebnisse Pöppelmann zusammenführte.
Durch das Ausschachten des Schloßteiches seit 1730 vereinigte man drei Teiche zu einem neuen mit regelmäßiger Gestalt. Damit wurde die Halbinsel, auf der das Schloß bis dahin gestanden hatte, zur Insel. Für die Bauern der umliegenden Dörfer bedeutete das schwere Fronarbeit bis zum Jahr 1739. Die Insel wurde in Kreuzform angelegt und von massiven Ufermauern eingefaßt. Wachthäuser und Pavillons betonen die Zugänge, in der Nord-Süd-Achse über schmale Dämme und in der Ost-West-Achse per Schiff.
Die Arbeiten an der Ausschmückung der Terrasse – vorgesehen waren 32 Statuen und 120 Steinvasen – zogen sich bis 1740 hin, ohne zum gewünschten Ende zu gelangen. Bis 1733 lieferten die Werkstätten Johann Christian Kirchners und Johann Benjamin Thomaes

Links: Die Farbgebung der Schloßkapelle von Moritzburg in Weiß und Gold entstammt dem 18., ihre kaum veränderte Innenausstattung dem 17. Jahrhundert. Der Altar, der noch aus der Erbauungszeit (1660/72) unter Wolf Caspar von Klengel stammt, wurde im Jahr 1746 umgebaut und erhielt das venezianische Altarbild einer Darstellung der Himmelfahrt Marias. An der Südseite befindet sich die Kanzelempore.

1769/72 wurde bei Schloß Moritzburg das Fasanenschlößchen errichtet. Entwurf und Ausführung des Rokoko-Bauwerks lagen bei Johann Daniel Schade. Nur vierzehn Meter im Quadrat erhebt sich das rosa und grün abgetönte Gebäude, dessen hohes geschweiftes Kupferdach mit der wellenförmigen Traufe auf die Architektur Chinas verweist. Die Dachlaterne bekrönen dementsprechend ein Mandarin und ein schwarzer Knabe aus Eichenholz.

„sechs große Statuen von Jägern und Anderen, 50 Vasen und 46 kleine Figuren".
An der südlichen Auffahrt gelangten zwei Statuen zur Aufstellung, die Kirchner zugeschrieben werden: ein Piqueur (Vorreiter bei der Parforcejagd) und ein Jäger. Die erneuerte Jägerfigur Wolf Ernst Brohns aus dem Jahre 1660 erhielt ihren Platz an der südwestlichen Ecke der Terrasse, für die südöstliche Ecke fertigte man 1732 das passende Gegenstück.
Der Innenausbau der 200 Räume, der drei kleinen und vier großen Säle begann 1726 und dauerte bis 1731. Die Leitung dieser Arbeiten lag bei Raymond Leplat, der die besten der damals in Dresden wirkenden Kräfte verpflichtete: die Maler Louis de Silvestre, Lorenzo Rossi, Giovanni Battista Groni, Johann Christian Kastel, Christian Trauschke, die Malerin Anna Maria Werner, den Bildhauer Johann Christian Kirchner und den Vergolder Henry Hulot.

Für die Schloßausstattung wurde an nichts gespart

Die kostbaren Einrichtungsgegenstände, Möbel, Gläser, Porzellane und Öfen, kamen meist aus sächsischen Werkstätten, Bronzen und Zinn aus Florenz und Augsburg. Unbekannt ist die Herkunft der schon damals berühmten Ledertapeten, ursprünglich in 60, heute noch in elf Räumen vorhanden.
Der Eingangsbereich besteht aus den drei gewölbten Hallen der Durchfahrt, sparsam ausgestattet und in kühlem Weiß gehalten. Von der Mittelhalle gelangt man über die seitlich liegenden Doppeltreppen in das erste Obergeschoß. Dessen Mitte nimmt der sogenannte *Steinsaal* ein. Der großzügig konzipierte Raum erhielt seinen Namen von den Sandsteinplatten, mit denen er ausgelegt ist. Auch er ist weiß gehalten. Farbakzente setzen die Kamine und die Illusionsmalerei um die Türen – sie sind zurückhaltend grau und rot „marmeliert". Die Wände schmücken Gemälde und zahlreiche Rothirsch-, Elch- und Rengeweihe. Letztere dürften Geschenke befreundeter Höfe sein. Das verkieselte Geweih eines eiszeitlichen Riesenhirsches überreichte Zar Peter I.
Dem südlich angrenzenden *Monströsensaal* gaben 39 mißgebildete Geweihe den Namen. Das bekannteste Stück ist der vorgebliche „66-Ender", eine Trophäe des preußischen Königs Friedrich I. Der Soldatenkönig Friedrich Wilhelm I. verhandelte sie nach Sachsen, „um eine Kompagnie großer Grenadiere".
Bestimmt wird der Saal durch fast wandhohe Ledertapeten mit Gemälden: Diana verstößt die Nymphe Kallisto aus ihrem Gefolge und damit ins Unglück, weil sie schwanger ist; Diana verwandelt den Jäger Aktäon in einen Hirsch, damit ihn seine Hunde zerreißen; Diana und Apollo töten die zwölf Kinder der Niobe – einer unbedachten Äußerung der Thebanerin wegen. Ein weniger mörderisches Thema zeigt die vierte Darstellung: Diana betrachtet den ewigen Schläfer Endymion.
Der *Billardsaal* – nördlich vom Steinsaal gelegen – zeigt, gleichfalls auf Leder, einen heiteren Fischzug, diverse Jagdszenen und die Allegorien der vier Jahreszeiten. Am Fischzug nimmt wahrscheinlich König August

Kurz nach Ende des Krieges baute 1648/50 Ezechiel Eckardt für den Kurfürsten Johann Georg I. ein Weinbergschlößchen: Hoflößnitz im Stadtteil Oberlößnitz des heutigen Radebeul. Das inzwischen als Weinbaumuseum dienende Gebäude wurde errichtet als bescheidenes Gutshaus in Fachwerk. Es ist eingeschossig, mit einem achteckigen Treppenturm davor.

selbst teil, in polnischer Adelstracht, begleitet von Hofnarr Fröhlich und Hofzwerg Kyau.
Die Wandbilder beider Säle stammen wohl von Louis de Silvestre und Giovanni Battista Groni. Prachtvoll präsentieren sich die Augustzimmer mit ihren gepunzten und bemalten Ledertapeten, Gemälden, Möbeln, Kunstuhren und Vasen.
Die *Schloßkapelle* ist von der Empore zu besichtigen. Ihre Farbgebung Weiß und Gold entstammt dem 18., ihre kaum veränderte Innenausstattung dem 17. Jahrhundert. Der Altar, noch von Klengel her, wurde 1746 umgebaut und erhielt eine Himmelfahrt Marias als Altarbild. Daneben steht das wertvollste Stück: „Christus an der Martersäule“. Das bewegende Bildwerk aus rotgeflecktem Passenkalk schuf 1725 Balthasar Permoser.
An der Südseite befindet sich die Kanzelempore, an der Nordwand der Heerespaukerstand, beide von Christoph Krockner. Die obere der östlichen Emporen war dem Kurfürsten vorbehalten, die untere als „Cavaliersempore“ den „Leuten von Qualitet“. Der Heerespauker war übrigens Johann Georg II.

Knapp möbliert und lichtdurchflutet ist der Speisesaal

Licht und hell ist der weiß getünchte *Speisesaal.* Zwei Kamine stehen sich gegenüber, geschmückt mit großen Spiegeln und den Porträtmedaillons Augusts und seines Sohnes. Die sparsame Möblierung unterstreicht den festlichen Charakter des Saales. An den Wänden hängen 67 Rothirschtrophäen von bis zu 34 Enden. Am schwersten zu tragen hatte ein ungerader 24-Ender: Sein Geweih wiegt knapp 20 Kilo.

Die Abwurfstange auf der Festtafel, „so von Natur wie ein Becher hohl gewachsen“, diente seit 1689 als „Willkommen“. Der runde Liter, den sie faßt, holte so manchen Gast von den Füßen.
Öffnungszeiten: Mai bis Oktober täglich 10–17.30 Uhr; November bis März Dienstag bis Sonntag 10–16.30 Uhr; Dezember 10–15.30 Uhr.
1727 begann Georg Maximilian von Fürstenhoff in der Nord-Süd-Achse des Schlosses mit der Anlage des „Fürstenwegs“, der neuen Allee von Dresden her, die 1729 fertig wurde. Hier entstand für „Fremde Künstler, Handwerker und Fabricanten“ mit dem „neuen Anbau zum Schloß Moritzburg“ der Ortsteil Moritzburg. Erst seit dem Jahr 1934 heißt der gesamte Ort so.

Der Bau der *Stallanlagen* am Ende der Dresdner Allee begann 1733. Den ersten Entwurf lieferte Matthäus Daniel Pöppelmann, die Bauausführung lag bei Johann Christoph Knöffel. Der Stallkomplex bot in drei Flügeln Platz für 176 Pferde und in den vier als Risalite ausgebildeten Eckbereichen Wohnungen für „Cavaliers und Hof-Officianten“. Die Herrschaften

überraschend reich ist Schloß Hoflößnitz innen ausgestattet. Decken und Wände des Obergeschosses überziehen farbenfrohe Bilder. Im Wohnzimmer des Kurfürsten sieht man Kindergestalten mit den Darstellungen der Künste. Darüber befinden sich Sibyllen-Büsten. Die Decke ist geschmückt mit Putten und Blumen. In der Ecke steht ein mit Reliefs verzierter Kachelofen, der von einer Vase bekrönt wird.

Für Graf August Christoph von Wackerbarth baute Johann Christoph Knöffel 1727/31 zu Füßen der Weinberge einen Alterssitz: Schloß Wackerbarths Ruh in Radebeul-Niederlößnitz. Das zweigeschossige Gebäude ist gekennzeichnet durch eine klare Blockform und einfache Lisenenarchitektur. Wackerbarth starb drei Jahre nach Fertigstellung.

auf dem Dach sind der Hofnarr Joseph Fröhlich und sein Kollege Postmeister „Baron" Schmiedel. 1828 wurde hier das Landesgestüt eingerichtet.

Der Schloßpark mit den zwei Kavaliershäusern von 1733 schließt sich nördlich an das Schloß an. Nicht mehr ganz französisch und noch nicht englisch, ist er nie recht fertig geworden.

Das *Hellhaus*, im Jahr 1776 nach Plänen Johann Gottfried Schades errichtet, steht im Zentrum von acht Schneisen auf dem Hellberg. Es diente der Wildbeobachtung und den fürstlichen Jägern als Frühstücksstube.

Im *Thiergarten* nördlich und östlich des Schlosses wurden Parforcejagden abgehalten, in den Hirschgärten östlich der Straße nach Radeburg hegte man gleichzeitig aber auch schon das Rotwild. Von ursprünglich 2000 Hektar dienen 40 heute als Wildgehege der Haltung von 35 Wildarten.

Öffnungszeiten: Januar bis Februar nur Samstag und Sonntag 9–16 Uhr; März bis Oktober täglich 10–18 Uhr; November bis Dezember 9–16 Uhr.

Anders als August II. war Friedrich August III., Kurfürst seit 1768 und König von 1806 bis 1827, ein gewissenhafter, pflichtbewußter, frommer Monarch, dazu steif, pedantisch, schüchtern, fast menschenscheu. „Der Kurfürst kennt kaum die Straßen seiner Residenz, diejenigen ausgenommen, durch welche einmal und allemal der Weg nach Pillnitz führt. Noch unbekannter ist ihm das Land und die Lage seiner Untertanen. Er glaubt gutmütig, daß sie alle glücklich sind, weil er überzeugt ist, daß er es wohlmeint, aber er irrt sich" (Georg Friedrich Rebmann). Obwohl ein passionierter Jäger, konnte der neue Kurfürst mit dem repräsentativen Schloß Moritzburg nur wenig anfangen. Dem gewandelten Zeitgeist wie seinen privaten Neigungen entsprechend, ließ er deshalb 1769/72 das Fasanenschlößchen errichten, in den Grundmauern der Knöffelschen Fasanerie. Entwurf und Ausführung des Rokoko-Bauwerks lagen bei Johann Daniel Schade.

In Rosa und Grün gekleidet: das Fasanenschlößchen

Nur vierzehn Meter im Quadrat erhebt sich das rosa und grün abgetönte Gebäude in zwei Geschossen in der Ost-West-Achse des Jagdschlosses Moritzburg. Mit seinem hohen geschweiften Kupferdach und der wellenförmigen Traufe verweist das Haus ins Traumreich eines heiter-idyllischen China. Die Dachlaterne bekrönen dementsprechend ein Mandarin und ein Negerknabe aus Eichenholz. Kommt Wind auf, wiegt der Mandarin sein Haupt.

Die Ecken des Schlößchens betonen vier sterbende Hirsche „mit echtem Geweyh", Arbeiten von Carl Friedrich Schäfer. Die „Grotte", besser bekannt als Leda-Brunnen, schuf gleichfalls Schäfer (1777). Das Innere des Gebäudes überrascht durch die Vielzahl der mit Raffinesse angeordneten Räume. Von der Innenausstattung hat leider nur wenig das Kriegsende überdauert. Das Dresdner Tierkundemuseum veranstaltet hier ornithologische Ausstellungen.

Öffnungszeiten: April bis September täglich 9.30–16 Uhr.

Rechts: Schloß Wackerbarths Ruh ist eine französische Parkanlage vorgelagert. An der Bergseite steigen Terrassen mit Freitreppe und Buchsbaumkegeln zum Belvedere an, das 1884 nach einem Brand wiedererrichtet wurde und im Inneren einen runden Saal aufweist. Im Park findet man noch Plastiken aus dem 19. und 20. Jahrhundert.

Ein Spielplatz für den Fürsten

Als Spiritus rector des fürstlichen Spielplatzes aus Hafen, Mole und Leuchtturm am Bärnsdorfer Großteich gilt Camillo Graf Marcolini. Obwohl in Charakter und Neigung das Gegenteil Friedrich Augusts, war und blieb der einstige Leibpage und Jugendfreund des Kurprinzen dessen engster Vertrauter, unangefochtener Günstling und Minister.

Marcoloni, ähnlich wie vordem Brühl, wußte das zu nutzen. Im Jahr 1765 pachtete er die Fasanerie unter äußerst günstigen Bedingungen. Der Bau des Fasanenschlößchens stand unter seiner Oberaufsicht, die Erweiterung des Komplexes um die Hafenanlage und die sogenannten *Dardanellen*, künstliche Ruinen, die die Dardanellenschlösser symbolisieren sollten, ging auf ihn zurück. 1813 brach der Krieg in diese entrückte Welt und machte den Fahrten der Miniaturfregatte, die Friedrich August 1789 bauen ließ, ein Ende.

Unweit von Schloß Moritzburg liegt das letzte Domizil von Käthe Kollwitz (1867 bis 1945). Kurz vor Kriegsende kam die Malerin und Bildhauerin auf Einladung des Prinzen Heinrich von Sachsen in den schlicht gestalteten Rüdenhof, wo sich heute die *Käthe-Kollwitz-Gedenkstätte* befindet. Neben Arbeiten der bedeutenden Künstlerin gibt es deren damalige Einrichtung zu sehen.

Öffnungszeiten: Dienstag bis Freitag 11–17 Uhr, Samstag, Sonntag 10–17 Uhr.

Die Gartenstadt **Hellerau**, am Nordrand der Dresdner Heide und des Hellers gelegen, verdankt ihre Gründung dem sich ausbreitenden Unbehagen an der kulturellen wie sozialen Wirklichkeit Deutschlands am Anfang des 20. Jahrhunderts. Dieses Unbehagen mündete schließlich, soweit es sich nicht sozialistisch artikulierte, in eine bürgerlich-alternative Reformbewegung.

Der Tischler und Unternehmer Karl Schmidt, der die Erneuerung des deutschen Kunstgewerbes mit der Idee einer Werkgemeinschaft verbinden wollte, gründete im Jahr 1908 die Gartenstadtgesellschaft und kaufte 140 Hektar Land zusammen.

Von Richard Riemerschmid ließ Schmidt 1909 ein Bebauungskonzept für das wellige Gelände entwickeln und am Moritzburger Weg seine neue Möbelfabrik, die Deutschen Werkstätten, errichten. Riemerschmid verband eine baukünstlerisch ausgereifte, höchsten Ansprüchen genügende Produktionsstätte mit dem Konzept einer der Landschaft angepaßten Gartenstadt.

Hellerau: Eigenheime für die Arbeiter

Mit den Architekten Hermann Muthesius und Heinrich Tessenow baute er, vor allem für die Arbeiter der Werkstätten, kleine Eigenheime in Reihen und als Einzelgebäude. Eine besondere Bedeutung erlangten die Bauten Tessenows, der Prinzipien des Bauhauses um ein ganzes Jahrzehnt vorwegnahm.

Sein Hauptwerk ist das 1912 fertiggestellte Festspielhaus, ein von vier Pfeilern getragener monumentaler Mittelbau mit eingeschossigen Seitenflügeln, dessen steil aufragender Giebel als einzigen Schmuck ein kleines Rundfenster aufweist.

Wolf Dohrn, auf dessen Initiative das Festspielhaus zurückgeht, begründete den Ruf der Gemeinde als ein aktives Zentrum fortschrittlicher Kultur. Er holte den Schweizer Musikpädagogen Jacques Dalcroze und richtete ihm eine „Bildungsstätte für Musik und Rhythmus" ein, veranstaltete im Sommer Festspiele und ließ die Werke von Paul Claudel zur Aufführung gelangen. Der Ruf Helleraus zog denn auch bald Schriftsteller und Künstler hierher.

Der Erste Weltkrieg beendete zum Teil diese Entwicklung der „Versuchsstation für soziale Kultur", die Machtübernahme Hitlers verwies Hellerau in die kulturelle Bedeutungslosigkeit. 1937 machten die Nazis aus dem Festspielhaus eine Kaserne, die 1945 an die Rote Armee fiel. Seit 1992 ist es wieder Kulturstätte.

Phantastisch ist in dieser Gegend die Verbindung der Bauwerke mit der Natur. Direkt am Elbufer liegt Pillnitz mit seiner Schloßanlage. Weitere Reisestationen entlang des Flusses sind etwa der terrassierte Barockgarten Großsedlitz und das auf einem Felsen gelegene Schloß Weesenstein. Burgenromantik bieten Stolpen, Königstein und Pirna.

Von Dresden elbaufwärts wandelt sich die Landschaft zwischen Pillnitz und Bad Schandau links und rechts des Flusses immer wieder. Und immer ist es überraschend schön.

Pillnitz, gut zehn Kilometer südöstlich vom Stadtzentrum Dresdens am rechten Ufer der Elbe gelegen, gründeten sorbische Fischer vermutlich im 6. Jahrhundert. In einer Urkunde von 1403 wird die Siedlung im Zusammenhang mit dem Weinbau an den nahegelegenen fruchtbaren Südhängen erwähnt.

Auch ein Gutshof ist genannt, der einst an der Stelle des heutigen Neuen Palais der Schloßanlage stand. Nach mehreren Umbauten – 1616 wurde das Schloß beispielsweise zu einem Vierflügelbau erweitert – erwarb Johann Georg IV., Kurfürst von Sachsen, den Bau für seine Mätresse Magdalene Sibylle von Neitschütz. Zunächst allerdings bezogen weder er noch sie das als Liebesnest gedachte Anwesen, denn beide segneten noch im selben Jahr das Zeitliche.

Das Erbe des Kurfürsten trat sein jüngerer Bruder an. Dieser hatte inzwischen in Dresden den Thron bestiegen, ließ sich August der Starke nennen und übernahm die Idee seines toten Verwandten. Er schenkte das Lustschloß seiner damaligen Geliebten Anna Constanze von Brockdorf, die als Gräfin Cosel durch die 49jährige Gefangenschaft auf Burg Stolpen zu trauriger Berühmtheit gelangte.

Nach der Trennung nahm der Kurfürst das – heute nicht mehr existierende – Schloß Pillnitz wieder in Besitz und ließ es zum orientalischen Lustgebäude umgestalten.

Von 1721 bis 1723 entstand, nach Plänen des Grafen Wackerbarth, der sich vermutlich an Vorlagen des Kaiserpalastes in Peking orientierte, westlich des Schlosses über dem Elbufer das Wasserpalais. In dessen Sälen sind Exponate des *Kunstgewerbemuseums* ausgestellt: Möbel, Glas, Majolika, Gobelins des 17. und 18. Jahrhunderts. Hier finden auch Kammerkonzerte statt. Im Sommer spielen die Musiker im Garten.

Als fast identisches Gegenstück zum Wasserpalais ließ Matthäus Daniel Pöppelmann zwischen 1723 und 1724 das Bergpalais errichten. Dort werden unter anderem Meisterwerke aus der Zinn- und Steinzeugsammlung des Kunstgewerbemuseums gezeigt. Ausgestellt ist auch Kunsthandwerk des Historismus, Jugendstils und der Gegenwart.

Öffnungszeiten: Bergpalais: Mai bis Oktober Dienstag bis Sonntag 9.30–17.30 Uhr, Wasserpalais Mittwoch bis Montag 9.30–17.30 Uhr. November bis April geschlossen.

Steht der Betrachter unter den hohen, konkav geschwungenen Dächern der Palais, offenbart sich ihm der exotische Charakter der Schloßanlage: Die Hohlkehlen sind nach Vorlage chinesischer Stiche mit blauen Figuren auf rotem Putz und roten Szenen auf gelbem Grund ausgemalt.

1724 kam der Große Schloßgarten als Festspielstätte hinzu, 1778 der Englische

Städte und in der Sächsischen

Schlösser Schweiz

Eine großartige Schloß- und Parkanlage des 18. Jahrhunderts ist Pillnitz am Elbufer. Alle Gebäude sind in einer harmonischen Einheit mit Chinoiserien ausgestattet – man wollte auf das angeblich unbeschwert lustvolle Leben der Chinesen anspielen. Im Bergpalais, 1723/24 von Pöppelmann errichtet, besticht der Hauptsaal. Aufwendig ist seine chinoisierende Ausmalung von 1895, die unter anderem häusliche Szenen zeigt.

Garten. Hier steht die berühmte Caméllia japonica. Sie ist eine von vier Kamelienpflanzen, die 1770 von Japan nach London, Wien Hannover und Pillnitz kamen, wo sie als einzige bis heute überlebt hat. Mit neun Metern Höhe und zwölf Metern Kronendurchmesser kann sie im Winter nicht in eines der schützenden Glashäuser gebracht werden. Deshalb wurde eigens für sie ein Gewächshaus gebaut, das zu Beginn der kalten Jahreszeit auf Schienen über sie gezogen wird.
Die Architekten Christian Traugott Weinlig und Johann Daniel Schade erweiterten die Palais 1788/91 durch zwei langgezogene Flügel. 1780 wurde der Englische Pavillon gebaut. Von 1790 bis 1804 entstand, nach einer Idee von Christian Friedrich Schuricht, der Chinesische Garten mit Teich und chinesischem Pavillon.
Nachdem das alte Schloß und der 1723 an der Südseite errichtete Venustempel 1818 abgebrannt waren, schloß derselbe Architekt zwischen 1822 und 1826 die Lücke mit dem Neuen Palais. Die Malerei im *Festsaal*, der einzig konsequent klassizistische Saalbau, der in Dresden erhalten ist, sowie die 1830 geweihte Kapelle im ersten Stock des Gebäudes schuf ab 1824 Carl Christian Vogel von Vogelstein.
Einen Park ganz anderer Art findet der Besucher auf der gegenüberliegenden Elbseite. Auf einer Hochebene über der Bundesstraße 172, südlich der Stadt Heidenau, liegt der sehr beeindruckende Barockgarten **Großsedlitz**, der zu den „Fünf Ungleichen" gehört. Das sind neben dem Schloß Rammenau, das abseits dieser Tour liegt, Burgen, Schlösser und Gärten, die nah beieinander an der Elbe stehen und unverwechselbar sind – sie nennen sich so seit 1996 parallel zu den sogenannten „Drei Gleichen" in Thüringen.

Barockgarten Großsedlitz: der „Prachtvolle"

Der Barockgarten gilt unter den Ungleichen als der „Prachtvolle". Genaugenommen müßte er der Unfertige genannt werden, denn die 18 Hektar terrassierte Gartenfläche mit den großen Sichtachsen lassen heute noch das Grundprinzip des französischen Gartenstils erahnen. Die grandiose Idee des sächsischen Monarchen, hier ein Höhenschloß, das er selbst skizziert haben soll, auf 96 Hektar bauen zu lassen, scheiterte 1732. Die Kassen des starken Augusts waren äußerst geschwächt, schließlich floß da noch Geld in Schloßprojekte in Dresden, Pillnitz und Moritzburg.
Vor dem Kurfürsten gehörte der Garten Graf August Christoph von Wackerbarth. Als Chef des militärischen und zivilen Bauwesens Sachsens hatte der 1719 das Gut gekauft, das es bereits im Mittelalter gab, und den Ort Großsedlitz dazu. Zwar beauftragte er Pöppelmann, Pläne für ein Schloß und eine Gartenanlage zu entwerfen, doch gleichzeitig beschäftigte er Johann Christian Knöffel.

Von bezwingendem Charme ist die Elbansicht des Pillnitzer Wasserpalais', das von 1721 bis 1723 nach Plänen des Grafen Wackerbarth entstand. Chinoisierend sind die Dächer, die weit über ausladenden Kehlen ansetzen und auf deren Firsten zierliche Schornsteinaufbauten sitzen. Eine zweigeteilte Treppe führt auf die Terrasse vor dem Mittelpavillon, dessen Obergeschoß noch einen Laufgang besitzt. Etwas schlichter sind die beiden angrenzenden Seitenpavillons.

Diese Darstellung eines Chinesen, der mit Pfeil und Bogen einen exotischen Vogel jagt, gehört zu den schönen Malereien auf der Hauptfassade des Pillnitzer Bergpalais'.

Der begann 1719 mit dem Bau des zweigeschossigen Friedrichschlößchens, das 1871 wegen Baufälligkeit abgerissen und durch ein ähnliches ersetzt wurde. Zugleich stellte Knöffel hier sein erstes eigenständiges Werk fertig, einen Bau mit einer 23 Fenster umfassenden Front, die Obere Orangerie.

Von Longuelune ist die Untere Galerie

Als dritter Architekt wirkte für den Barockgarten Zacharias Longuelune mit, der unabhängig von den anderen einen Vierflügelbau mit mittlerem Kuppelsaal entwarf. Verwirklichen konnte er jedoch nur eine tiefer gelegene Untere Orangerie, die nach der Restaurierung seit dem Herbst des Jahres 1996 wieder begehbar ist.

Vor dem unteren Gartensaal weitet sich ein Weg. Zwei langgestreckte Wassergräben lenken den Schritt direkt auf eine geschwungene Treppe. Zwischen deren zwei Läufen treibt ein Brunnen sein Wasserspiel. Nach den musizierenden Putten (64 Sandsteinfiguren existieren noch) auf den Balustraden nannte man die *Treppe „Stille Musik"*. Das Eingangstor kam 1963 vom Dresdner Landhaus hierher, als die Wilsdruffer Straße verbreitert wurde.

Als Matthäus Daniel Pöppelmann das Pillnitzer Bergpalais entwarf, orientierte er sich stark an den Bauformen des Wasserpalais. Wie bei diesem zeigt der Mittelpavillon zum Lustgarten und wird durch einen Portikus mit vier Säulen betont. Die Kehlen zeigen chinoise figürliche Szenen.

Berglage: Schloß Weesenstein

Wer den Barockgarten wieder verläßt, sollte einen Abstecher in den nahegelegenen Ort **Weesenstein** machen. Dort liegt, umschlossen von bewaldeten Berghängen, im engen Tal der Müglitz ein Schloß, das „Malerische". Auf einem Felsvorsprung taucht es hinter einer Kurve plötzlich auf. Der Fels, ein stark opalisierender, milchweißer (mittelhochdeutsch: waise) Quarz, gab dem 1318 erstmals urkundlich erwähnten Stein den Namen.

Besitzer war einst Burggraf Otto von Dohna. Dessen Nachfahre, Burggraf Jeschke, verlor fast 100 Jahre später das Anwesen. Beim Tanz am Dresdner Hof hatte ihm Ritter von Körbitz ein Bein gestellt. Jeschke fiel, stand auf und schlug zurück. Der Getroffene warf, samt anwesender Verwandtschaft, den Fehdehandschuh. Als Vermittler trat Markgraf Wilhelm von Meißen auf, der die

Der ausgedehnte, eigenwillige Garten von Großsedlitz, der auf dem Hochufer über dem Elbtal liegt, gilt als Sachsens großartigstes Beispiel einer Anlage im französischen Stil.

Gelegenheit nutzte, die Burggrafschaft Dohna abzuschaffen und sie dem wettinischen Territorium anzugliedern.
Bei der „Dohnaischen Fehde" fleißig mitgeholfen hatte Günter von Bünau. Den belohnte der Markgraf im Jahr 1406 und schenkte ihm Schloß Weesenstein, das die Bünauer, bis sie es im Siebenjährigen Krieg verkaufen mußten, als Wohnsitz nutzten.
Die Familie baute von oben nach unten kräftig an. Dadurch entstand eine eigenwillige Architektur, die die Schwere des Mittelalters, das Gleichmaß der Renaissance und die Pracht des Barocks zu einer seltenen Gemeinschaft lückenloser Tradition in sich vereint.
Unter den fünf sogenannten Ungleichen ist das Schloß das „Malerische". Malerisch wegen der Lage im Müglitztal. Und: Das gesamte Anwesen wurde im 18. Jahrhundert auf 165 Meter Länge, 55 Meter Breite und in vier Höfen mit einer gemalten Scheinarchitektur geschmückt. In wenigen Jahren sollen die Fassaden im Grün dieser barocken Illusion wieder erstrahlen.

Kapelle wirkt wie ein Spätwerk von Baumeister Bähr

In der optisch goldenen Mitte der Anlage thront über dem Schloßpark von Weesenstein die Kapelle. Sie verleitet Fachleute immer wieder dazu, mit stilistischen Vergleichen den Bau in seiner grundsätzlichen Anlage oder wenigstens der Idee nach dem Schöpfer der Dresdner Frauenkirche, George Bähr, zuzuschreiben. Er verstarb aber im Jahr des Kapellen-Baubeginns.
Tatsache ist, daß Johann George Schmidt, neben der Vollendung der Frauenkirche, die Zeichnungen lieferte, die Bauarbeiten leitete, Belege unterzeichnete und ein Widmungssiegel mit seinem Namen an der Orgelempore erscheint. Mit dem im Jahr 1738 begonnenen Innenausbau waren die Bildhauer Johann Balthasar Salzmann, von dem der figürliche Schmuck an der Orgel und die Engelsköpfe auf den Pfeilerkapitellen stammen, Carl Friedrich Kirchner sowie drei Tischlermeister nebst Gesellen beauftragt.
Zu besichtigen sind heute 35 von insgesamt 200 Räumen, zu deren Besonderheiten Tapeten aus dem 18. und 19. Jahrhundert gehören.
Öffnungszeiten: November bis April täglich 9–17 Uhr, Mai bis Oktober 9–18 Uhr.
Mehrfach im Jahr finden auf dem Schloß auch Lesungen mit dem Dresdner Schauspieler Rolf Hoppe (Information, Telefon 03 50 27/54 26) statt und in der Schloßküche kann vergnüglich gespeist werden. Seit 1997 ist die eigene Brauerei wieder funktionstüchtig. Ein eigenes Theater wird 1999 öffnen.

Kreisstadt im Elbtal: Pirna

An Großsedlitz vorbei geht es wieder zur Elbe, die an dieser Stelle das steilwandige, in Sandsteinschichten gegrabene Erosionstal verlas-

sen hat. Nun gelangt man nach **Pirna**, dem „Tor zur Sächsischen Schweiz". Die knapp 40 000 Einwohner zählende Kreisstadt umfaßt eine Fläche von gut 37 Quadratkilometern und liegt am östlichen Abschluß der Elbweitung.
Der Name Pirna tauchte erstmals 1233 in der schriftlichen Überlieferung auf, da ein Pfarrer, „plebanus Godeschalcus de Perne", als Urkundenzeuge auftrat. Kirche und Stadt müssen somit schon bestanden haben, zumal 1239 Markgraf Heinrich der Siedlung „na pernem" (auf dem Felsen) unter der älteren Burg auf dem Sonnenstein das Stadtrecht erteilte, was darauf schließen läßt, daß der Ort damals zur Mark Meißen gehörte. Im ganzen 14. Jahrhundert jedoch stand Pirna unter böhmischer Herrschaft. Erst 1405 kaufte Markgraf Wilhelm das Gebiet vom Nachbarn zurück.
Die Burg, die ab 1460 zur Festung und Schloß Sonnenstein ausgebaut wurde, verfiel nach dem Siebenjährigen Krieg. Seit dem Jahr 1811 ist die Anlage Heil- und Pflegeanstalt.
Der auf einer Fläche von 500 mal 400 Metern angelegte und original erhaltene mittelalterliche Stadtkern mit seinen rund 300 Gebäuden deutet auf eine planmäßige, auf die Elbe gerichtete Stadtgründung hin. Am Flußufer, neben der Anlegestelle für die Sächsische Dampfschifffahrt, befindet sich ein kleiner Park, von dem aus sich ein Blick über die hier beginnende Auenlandschaft lohnt.
Zum Mittelpunkt der Altstadt, dem Markt, geht es durch die Badergasse, vorbei an zwei auffallenden Renaissance-Erkern. In der Langen Straße 10 verbrachte Maria Josepha, die Gemahlin des Sohnes von August dem Starken, ihre erste Nacht auf sächsischem Boden. Zugleich ist das Gebäude bekannt als Geburtshaus des Schriftstellers Max Zimmering (1909 bis 1973).

Sehr harmonisch vereint das Rathaus verschiedene Stile

Im Zentrum angelangt, fällt der Blick auf das in der Mitte des Marktes freistehende Rathaus, das in seiner heutigen Gestalt Stilelemente aus fünf Jahrhunderten in sich vereint. In dem für rund acht Millionen Mark seit 1991 renovierten Gebäude fügen sich gotische Erdgeschoßgewände an der Nordseite mit dem Renaissancebau von 1560 und dem filigranen barocken Turm von 1718 zum harmonischen Ganzen.
1752 malte Canaletto hier sein berühmtes Marktbild, das sich in der Dresdner Gemäldegalerie befindet. Es zeigt einen faszinierend aufsteigenden Dreiklang von Rathaus, Schloß und Marienkirche. Dieses Gotteshaus ist eine rund 450 Jahre alte dreischiffige Hallenkirche mit Netz- und Sterngewölbe und nur angedeutetem Chor. Der 25 Meter breite und doppelt so lange Baukörper gliedert sich in sieben Joche. Das Dach überragt mit 19,50 Metern sichtbar die 18 Meter hohen Seitenwände. Hauptbaumeister war Peter Ulrich von Pirna.
Von 1544/46 stammen die Gewölbemalereien mit Motiven aus dem Alten und dem Neuen Testament. 1802 und 1890 wurden sie restauriert. Der zehn Meter hohe und fünf Meter breite Sandsteinaltar, Höhepunkt der sakralen Renaissancekunst, wurde von Michael Schwenke begonnen und nach dessen Tod 1611

Die enormem Höhendifferenzen zwischen den einzelnen Teilen der Anlage von Großsedlitz sind bedingt durch die Lage in einer Talsenke. Aber die zahlreichen Treppen und Stützmauern machen gerade den Reiz dieses Gartens aus. Die Skulpturen werden der Nachfolge Balthasar Permosers zugeschrieben.

vom Bruder David fortgesetzt. Die Freiplastiken werden Antonius von Saalhausen zugeschrieben, die um 1525 entstandene Sandsteinkanzel einem Freiberger Künstler.
Wer von Pirna aus direkt in die Sächsische Schweiz will, der muß einfach nur die Elbe flußaufwärts verfolgen. Allerdings lohnt sich ein Ausflug ins etwa 15 Kilometer entfernte **Stolpen**. Die 6000 Einwohner zählende Stadt liegt von Dresden 25 Kilometer weit weg und ist über die Bundesstraße 6 Richtung Bischofswerda zu erreichen.

Auf einem Hügel linksseits des romantischen Flüßchens Wesenitz erhebt sich, hoch über der Ebene, die Burg Stolpen, die „Geheimnisvolle“. Errichtet wurde sie um das Jahr 1100 wahrscheinlich als ein aus Palisaden bestehendes Bollwerk.

Auf einem Felssporn liegt im engen Müglitztal der vielteilige Komplex des Schlosses Weesenstein. Kern der Anlage ist der Rundturm der Oberburg, dessen Untergeschoß möglicherweise noch aus dem 13. Jahrhundert stammt. Daran schließt sich ein spätmittelalterlicher Saalflügel an. Im Süden liegt die Burgkapelle. Der südwestlich im Tal gelegene, 1781 fertiggestellte französische Garten nutzt den verlegten Lauf der Müglitz als Mittelkanal.

1218 wurde die Burg, die heute dem Land Sachsen gehört, vom Lehnsherrn Ritter Moyko de Stulpe für 168 Mark Silber an den Bischof Bruno II. verkauft, der sie und einige Dörfer 1222 dem Domkapitel Meißen überließ.
Auf den Säulen einer Basaltkuppe lagert die Festung. Unterhalb der Mauern scheint der Basalt, der wie riesige Orgelpfeifen rund um die Anlage steht, diese zu stützen. In der ganzen Stadt haben die Einwohner das schwarze, harte Vulkangestein als Baumaterial genutzt.

Geheimnisvolle Gänge besitzt die Burg Stolpen

Die Burg, die 1429 von den Hussiten belagert wurde, besitzt unterirdische Gänge und einen tief in den Basalt getriebenen Brunnen. Für die 82 Meter schufteten Freiberger Bauleute 22 Jahre. Rekonstruiert wurde das Kornhaus, das Bischof Johann VII. von Schleinitz 1518 errichten ließ. Am Ausgang kann man eine Folterkammer besichtigen.
Die Burg hat den Kurfürsten August von Sachsen gesehen, die Folgen der Pest, den schwedischen General Baner, später dann preußische Soldaten, Napoleon, dessen Soldaten die Anlage 1813 zerstörten, König Johann von Sachsen und Friedrich August den III.
Traurige Berühmtheit erlangte hier Anna Constanze von Brockdorf, bekannt als Gräfin Cosel. Durch ihre Schönheit fiel die Dame August auf. Acht Jahre dauerte die Liebe. Als der Herrscher ihre Intelligenz zu spüren bekam, ließ er 1716 von ihr ab und verbannte sie auf Burg Stolpen. Nach 49 Jahren Gefangenschaft verstarb die Cosel dort 84jährig.

Heute erinnert eine ständige Ausstellung im *Johannesturm* an die Leidensgeschichte, die zu mehreren Romanen Anlaß gab. Das Lebensgefühl der Zeit wird mit wenigen Gegenständen, aber vielen interessanten Erklärungen eingefangen.
Öffnungszeiten: April bis Oktober, täglich 9–17 Uhr, November bis März 10–16 Uhr (wetterabhängig).
Im Stadtmuseum am Marktplatz existiert, neben sehenswerten Ausstellungen zur Ortsgeschichte, seit 1995 ein in Basalt gehauener Kopf der Gräfin des Meißner Künstlers Detlef Herrmann.
Öffnungszeiten: Montag bis Freitag 10–12 und 13.30–16 Uhr, Samstag und Sonntag 13.30–16 Uhr.
Wann das verwinkelte Stolpen am Burghang mit den kleinen Gassen gegründet wurde, ist unbekannt. Historiker vermuten Mitte des 14. Jahrhunderts. Ein älterer Teil des heutigen Stolpen findet sich etwas entfernt von der Festung. Die Altstadt war 1357 erstmals erwähnt, doch 130 Jahre früher stand schon ein Pfarrer in den Annalen. Dessen kleines Gotteshaus enthält noch jetzt Bauteile aus dem 13. Jahrhundert, ist bei einem Umbau 1832 stark verändert worden.

Ruhe verspricht Kurort Hohnstein

Hohnstein ist ein herrlich ruhiger Kurort. Er liegt rechtselbisch, östlich von Pirna, linksseitig des Flüßchens Polenz und direkt an der Grenze zum Nationalpark Sächsische Schweiz. Die 64 Quadratkilometer Stadtflur weisen einen Höhenunterschied von 300 Metern auf.
Vom schmalen Polenztal direkt unterhalb der Burg bis zu deren Mauern auf der einen und dem Hockstein auf der anderen Seite sind es imposante hundert Meter. Der Besucher kann sie entweder zu Fuß durch den sogenannten Schindergraben oder per Auto über die Serpentinen der Wartenberg-, Mühlberg- und Dresdner Straße bewältigen.
Die Siedlung wuchs seit dem 13. Jahrhundert mehr zufällig vom Fuß der Burg aus ins Tal hinein. Das „Distrikt Hohnsteinense“ wies sich erstmals in einer Urkunde von 1333 aus und gehörte zu Böhmen. 1353 bekam durch Kaiser Karl IV. ein Hincko de Duba dictus Berka das Gebiet.
Die Berken waren sehr unruhige Besitzer. Wechselnde Bündnisse mit Sachsen und Böhmen, ihre Raubüberfälle und Fehden machten sie für ihre Nachbarn unberechenbar. 1410 allerdings zerfielen ihre Ländereien durch Erbteilung, und der Besitz gelangte durch Tauschverträge in sächsische Hände.
Bereits 1381 wurde die Pfarrkirche zu Hohnstein erwähnt. Das heutige Gotteshaus, eine der bedeutendsten Barockkirchen in Sachsen, baute 1728 George Bähr weitgehend auf den Grundmauern des alten Gebäudes, das dem großen Stadtbrand im Jahre 1724 zum Opfer gefallen war. Das neue Haus ist in seiner äußeren Form sehr schlicht.
Innen sind Altar, Kanzel und Orgel übereinander angeordnet. Das Kirchenschiff besitzt doppelte Emporen und eine Amtsloge über dem Haupteingang. Taufstein und Or-

In den Jahren 1738/41 wurde von dem Bähr-Schüler Johann Georg Schmidt die Kapelle von Schloß Weesenstein auf schmalem Grundriß erbaut. Eine aufwendige Tischlerarbeit bedeutete der Ädikulakanzelaltar mit seinen zwei Säulenpaaren und dem gebrochenen, geschweiften Giebel. Die Skulpturen Petrus und Paulus werden Johann Benjamin Thomae zugeschrieben.

Bereits um das Jahr 1200 entstand der Ort Pirna am linken Elbufer. Er konnte sich stärker als andere Städte Sachsens das Gepräge früherer Jahrhunderte bewahren. Östlich des alten Kerns gelegen, gleicht die Burg Sonnenstein, die 1668 zur Landesfestung ausgebaut wurde, einer Stadtkrone. Im Vordergrund sieht man den wuchtigen, dreiteilig angelegten Turm der reich ausgestatteten Stadtkirche St. Marien.

gelchor liegen auf der Altarlinie. Während mehrerer Restaurierungsarbeiten verlor das Kircheninnere größtenteils sein ursprünglich von Bähr geprägtes Aussehen.
Von der ursprünglichen Bausubstanz der über 700 Jahre alten Burg ist heute nichts mehr vorhanden. Sie wurde in den folgenden Jahrhunderten durch Bauwerke aus Stein oder Ziegel ersetzt. Lange Zeit war die Anlage berüchtigtes Gefängnis, wurde dann aber 1926 als damals größte Jugendherberge Deutschlands eingeweiht. Ein Rückfall in die finsterste Vergangenheit widerfuhr der Burg 1933 mit der Einrichtung als Konzentrationslager. Seit 1949 ist sie wieder Jugendburg. Im Inneren befindet sich auch ein historisches und Naturkunde-Museum.
Öffnungszeiten: April bis Oktober Dienstag bis Sonntag 9–17 Uhr.

Das Rathaus zeigt altes Fachwerk

Das über 300 Jahre alte Rathaus ist das älteste Fachwerkgebäude der Stadt. Seine eigentliche Funktion erhielt es nach dem Umbau durch Waldemar Kandler im Jahr 1917, nachdem es Brau-, Wohnhaus und Korbfabrik gewesen war.
Neben dem Organisten Gottlieb Schröter (1699–1782), dem Erfinder des Fortepianos, verbindet sich ein zweiter Name mit der Stadt. Der Puppenspieler Max Jacob (1888–1967) begründete mit seinem Kasperle den Ruf von Hohnstein als Puppenspielerstadt. Ursprünglich 1936 auf der Dresdner Gartenbauausstellung errichtet, kam das Haus der Handpuppenbühne 1938 in den Bergort. Bis heute findet jedes Jahr auf der Burg ein Puppenspielerfest

Der Taufstein der Pirnaer Marienkirche wird auf das Jahr 1561 datiert. Der Fuß, auf dem zahlreiche Kinder dargestellt sind, wird dem Umkreis von Hans Walther II zugeschrieben. Über einer Zone mit vegetabilen Motiven zeigt das Becken Reliefs der Sintflut, Durchzug durch das Rote Meer, Beschneidung Jesu und dessen Taufe.

statt. Die Bühne allerdings, die seit Ende des Zweiten Weltkriegs lange Zeit als Kino genutzt wurde, steht leer. An der großen Elbschleife um den Lilienstein, im Mündungsgebiet der Biela, erstreckt sich links und rechts des Flusses **Königstein**. Erste Einwohner siedelten sich wohl im 14. Jahrhundert an und verdienten im 16. und 17. Jahrhundert mit Weberei ihr täglich Brot. Zeitweise arbeiteten hier 30 Meister, klapperten mehr als 40 Webstühle. Andere gingen dem Handwerk des Steinbrechens nach. Der Sandstein war ein begehrtes Baumaterial, nicht nur in der Dresdner Residenz, sondern auch in Kopenhagen, Hamburg oder Berlin, wo das Brandenburger Tor aus hiesigem Baustoff entstand. Gleichfalls über den Ort hinaus hallte der Ruf der Bierbrauereien. Bedeutende Persönlichkeiten waren der Komponist und Hoforganist Christian Pezold (1677–1733) sowie der Kreuzkantor Julius Otto (1804–1877).

Dominant wacht Festung Königstein über das Elbtal

Seine eigentliche Berühmtheit erlangte der Ort allerdings durch die Festung Königstein, die „Trutzige", die hoch über dem Elbtal das Stadtbild beherrscht. Es muß im sechsten Jahrhundert gewesen sein, als die Slawen aus Richtung Böhmen flußabwärts wanderten und plötzlich die Sandsteinfelsen (heute Lilienstein, Papststein, Pfaffenstein, Königstein) erblickten.
Der größte, gelegen im Winkel des Elb- und Bielatales, überzeugte: Die Siedler begannen zu werkeln und zimmerten eine böhmische Königsburg auf einen Teil des 9,5 Hektar großen Plateaus. Als sie fertig waren und sich für weitere Generationen eingerichtet hatten, kamen im 12. Jahrhundert Deutsche in die Sächsische Schweiz, unterwarfen die Slawen und bauten den „Stein des Königs" Ende des 16. Jahrhunderts zur festen Burg um.
Als wichtigste Voraussetzung dafür ließ Kurfürst August zwischen 1563 und 1569 von Freiberger und Marienberger Bauleuten unter Leitung des Bergmeisters Martin Planer den 152,5 Meter tiefen Brunnen abteufen. Sein Durchmesser beträgt oben wie unten 3,5 Meter. Den Befehl für den endgültigen Ausbau gab 1589 Kurfürst Christian I.

Grenze zwischen Meißen und Böhmen

In relativ kurzer Zeit ließ Baumeister Paul Buchner (1531–1607) den Mauerkranz und das Torhaus, durch das man auch heutzutage geht, errichten. Ihm zur Seite stand Hans Irmscher (1526–1597). Die leitenden Architekten in der Barockzeit waren Matthäus Daniel Pöppelmann, Jean de Bodt (1670–1745) und Johann Maximilian zu Fürstenhoff (1670–1745).
Ursache für den Ausbau war die Notwendigkeit, die Grenze zwischen dem Bistum Meißen und dem Königreich Böhmen zu sichern. Spätestens zu dem Zeitpunkt be-

Das Innere der Marienkirche in Pirna zählt sieben Joche, von denen zwei zum Chorraum gehören. Das Mittelschiffgewölbe ist bestimmt vom engmaschigen Netz der Parallelrippen, das die Jochteilung nicht mehr ablesen läßt. Rund um die Pfeiler wurden die Gewölbe 1544/46 mit Szenen aus dem Alten Testament bemalt. Das Altarretabel aus Sandstein ist ein Hauptwerk der Pirnaer Bildhauerschule der Spätrenaissance.

Die „Geheimnisvolle“ nennt man Burg Stolpen, wohin August der Starke die Gräfin Cosel 1716 verbannte. Sie wohnte in dem einstigen Wehrturm (1509), der im 18. Jahrhundert umfunktioniert wurde. Links daneben steht der Seigerturm (1455), der 1560 aufgestockt wurde.

gann die Festung Militärgeschichte zu schreiben. Denn sie ist nur einmal, zu Beginn des 15. Jahrhunderts, eingenommen worden.

Es ist auch nur einem Gefangenen, dem französischen General Giraud, 1942 gelungen, von der 361 Meter hohen Festung zu fliehen. Auf der Burg, die auch Staatsgefängnis war, saßen noch viele andere Berühmtheiten in Haft: In den Jahren von 1591 bis 1601 der sächsische Kanzler Nikolaus Krell, 1849 der Anarchist Michail Bakunin, 1874 der Sozialdemokrat August Bebel.

Ab dem Jahr 1706 durfte Johann Friedrich Böttger die Burg Königstein nicht eher verlassen, bis er das Geheimnis der Porzellanherstellung gelüftet hatte. Zwölf Monate dauerte das intensive Grübeln.

Im Laufe der Zeit entstanden auf der Burg immerhin 55 Bauwerke, in denen heute über zehn Ausstellungen, wie die berühmte Waffensammlung, zu sehen sind.

Öffnungszeiten: November bis März täglich 9–17, April bis Oktober täglich 9–20 Uhr.

Höhenunterschiede bei Bad Schandau

Das nächste lohnenswerte Ziel, von Königstein weiter die Elbe aufwärts, ist **Bad Schandau**, das schon im Jahr 1445 ein kleines Städtchen war. Auf ihrem Gebiet liegt auch der Winterberg, mit 556 Metern die höchste Erhebung in der gesamten Sächsischen Schweiz.

Von Anbeginn lebten die Einwohner vom Handel, der vorwiegend aus dem Warenverkehr zu Wasser bestand, dem Schiffsbau sowie der Holzindustrie. Ein besonderes Pri-

Aus der Dresdner Kreuzkirche stammt der wunderschöne Renaissancealtar, der sich seit 1927 in Bad Schandaus Stadtkirche St. Johannis befindet. Er ist ein Hauptwerk Hans Walthers II, der es in den Jahren von 1575 bis 1579 schuf. Dieses Relief zeigt das Abendmahl.

vileg erhielt die Stadt 1624 mit der kurfürstlichen Salzniederlage, die von Dresden nach Schandau verlegt wurde. Man baute das Salzhaus und richtete im Jahr 1631 die Salzkammer ein.
Mit dem seit 1730 ausgewiesenen Gesundbrunnen eröffnete sich bis heute eine neue Erwerbsquelle für die Schandauer. 1791 gründeten sie eine Badeanstalt, die unter anderem 1806 Theodor Körner besuchte. Im Jahr 1880 kaufte die Stadt das Bad und eröffnete es zwei Jahre später mit einem Neubau wieder. 1899 kamen bereits 4000 Badegäste. In diese Zeit fiel die Entstehung der Elbfront der Stadt, eine Hotelparade am Flußufer.
Die erste Kirche, mit hohem Dach und einem Dachreiter, ist auf einer Zeichnung von Wilhelm Dilich aus dem Jahr 1628 zu sehen. Der heutige Bau der Stadtkirche St. Johannis stammt von 1709, nachdem das alte Gebäude beim großen Stadtbrand 1704 verwüstet wurde.
Heute noch birgt sie den *Renaissancealtar* der Dresdner Kreuzkirche. Der kam nach Zerstörung des Gotteshauses im Siebenjährigen Krieg in die Dresdner Annenkirche und 1927 nach Bad Schandau. Geschaffen hat den zweigeschossigen Altar mit den wundervollen Reliefs Hans Walther II (1526–1586). Daneben behauptet sich die aus einem Monolith gehauene Barockkanzel, die im Jahr 1705 entstanden ist. Eine imposante Mosesfigur trägt den Kanzelkorb.
Ein Abstecher ist noch nach **Reinhardtsdorf-Schöna** zu empfehlen. Der Ort schlummert südöstlich von Bad Schandau auf der linken Elbseite mitten im Wald und wird von Fluß und Staatsgrenze zu Tschechien begrenzt.

An der Grenze zu Tschechien gelegen

Die in der Gemeinde zusammengeschlossenen Siedlungen Reinhardtsdorf, Schöna und Kleingießhübel entstanden alle zur Zeit der Kolonisation. Ihre Ersterwähnung fällt ins 14. Jahrhundert, als sie Böhmen angehörten. Schon lange vor ihrer Vereinigung 1973 hatten sie eine Gemeinsamkeit: Sie standen 1379, zusammen mit anderen Dörfern der Umgebung, in der Liste jener Orte, die König Wenzel IV. seinem Kammerherrn verpfändete.
Kirchlicher Mittelpunkt der Orte war seit frühester Zeit Reinhardtsdorf, der erstmals 1369 beschrieben wurde. Die Urkunde erwähnt auch ein Gotteshaus, dessen Patronatsherr der Deutschritterorden war. Die heutige Dorfkirche wurde im 15. Jahrhundert erbaut. Ein Um- und Anbau erfolgte im 17. Jahrhundert. Den Turm setzten die Bauherren 1685 auf.
Im Gotteshauses befinden sich bemerkenswerte Malereien an der Empore und der Decke, die im 17. Jahrhundert begonnen wurden. Laut Inschrift vollendeten 1711 Gottfried Scheucker und Johann Georg Walter die Arbeiten.

In der Dorfkirche von Reinhardsdorf-Schöna überraschen bemerkenswerte Malereien von etwa 1700. Beginnend mit der Schöpfungsgeschichte, ist an der oberen Empore das Alte Testament verbildlicht, an der unteren das Neue Testament. Die hölzerne Kanzel entstand bereits 1615, der mehrgeschossige Altar stammt von 1681. Seine Gemälde zeigen Abendmahl, Kreuztragung und Kreuzigung, den Abschluß bildet eine Skulptur des Auferstandenen.

Von den Malern, die im Weißeritzkreis auf Motivsuche waren, befinden sich Bilder in Freitals sehenswertem Schloß Burgk. In Dippoldiswalde gibt es neben einem Renaissanceschloß einige sakrale Schätze. Auch in Reinhardsgrimma und Lauenstein lohnen Residenzen den Besuch. Markante Kirchlein stehen in Höckendorf und Tharandt.

Die Landeshauptstadt und das südlich angrenzende **Freital** trennt der etwa 15 Kilometer lange Plaunsche Grund. „Man fährt an der Weißeritz entlang, die dem Reisenden entgegenrauscht. Mehr Abwechslung wird man selten in einem Thale finden. Die Schlucht ist bald eng, bald flach, bald felsig, bald grün, bald ganz roh, bald auf das Furchtbarste bebaut.“ So schrieb Heinrich von Kleist am 3. September 1800 an seine Braut Wilhelmine von Zenge.

Zwischen 1750 und 1850, dem Zeitalter der Romantik, gehörte der idyllische Grund zu einem Reiseziel mit europäischem Ruf. Bewundert haben das Tal unter anderem Friedrich Schiller, Ludwig Tieck und Karl Friedrich Schinkel. Gemalt haben hier beispielsweise Carl Gottfried Traugott Faber, Caspar David Friedrich und Christian Friedrich Gille.

Ein kleiner Teil ihrer Bilder mit Motiven des Plaunschen Grundes findet sich in der Städtischen Kunstsammlung Freital im Schloß Burgk. Das heute von außen vollständig renovierte „Haus der Heimat“ steht auf den Grundmauern eines Neorenaissancebaus, der 1846 entstand. Der einstige bürgerliche Offizier Carl Friedrich August Krebß erbte 1819 die umliegenden Kohlefelder und ließ das Schloß Mitte des 19. Jahrhunderts – zur Blütezeit der Stadt – umbauen.

Neugotisch sind die spitzen Giebel, die vielen kleinen Schmuckelemente sowie der schlanke kleine Glockenturm. An das Haupthaus des Schlosses, das einen klassizistischen Festsaal besitzt, schließen sich ehemalige Funktionsgebäude an, die mehrfach erweitert und umgebaut wurden.

1946 zog das 1923 gegründete *Freitaler Museum* in die Räume des Schlosses ein. Hier sind zum einen Exponate aus der 450jährigen Geschichte des Steinkohlebergbaus im Döhlener Becken zu sehen, zum anderen ist die Entwicklung der Dresdner Kunst vor der Gründung der Kunstakademie im Jahr 1764 bis zur Gegenwart nachvollziehbar.

Der erste Teil der Kunstsammlung zeigt Bilder aus den sechs Jahrzehnten zwischen 1890 und 1950, die für die Kunstentwicklung Dresdens und darüber hinaus von epochaler Bedeutung waren. Das Museum besitzt aus dieser Zeit etwa 500 Gemälde.

Stolz ist man auf neun klassische Werke von Otto Dix, beispielsweise „Selbstbildnis als Mars“. Zu finden sind auch Hauptwerke von Malern seines gesamten Umkreises, zum Beispiel Willi Kriegels „Dame am Flügel“, Otto Langes „Böhmische Landschaft“ und Ferdinand Dorschs „Vor dem Begräbnis“, Max Wislicnus „Dame am Meer“ oder Irena Rabinowiczs Porträt von Richard Tauber. Auch die Lehrergeneration der Dresdner Akademie, die für Dix und seine Kollegen prägend war, ist vertreten, darunter Carl Bantzer und Otto Gußmann.

Ergänzt wird die Exposition durch die Sammlung der Stiftung Friedrich Pappermann (1909–1995). Zwei Jahre vor seinem Tod übernahm das

War Ziel der
das Tal der Weiße

Romantiker: ritz

Beherrschend ist das Renaissanceschloß von Dippoldiswalde. Der Bau, dessen Errichtung in der Blütezeit des lokalen Bergbaus begann, entstand im zweiten Viertel des 16. Jahrhunderts unter den Herren von Maltitz, die hier seit 1503 herrschten. 1634 brannte ein Teil des Schlosses. Der Wiederaufbau zog sich von 1635 bis 1725 hin. An der Talseite dominiert bis heute ein vorspringender Mitteltrakt von etwa 1570 mit einem zweigeschossigen Erker.

Freitaler Museum die komplette Privatsammlung des Dresdner Kunstenthusiasten, der von Beruf Exportkaufmann war. Friedrich Pappermann gelang es vor allem in den fünfziger und sechziger Jahren, fast ausschließlich in Dresden, etwa 250 Gemälde, Ölstudien sowie Zeichnungen, Aquarelle, Grafiken und über eintausend grafische Blätter zusammenzutragen.
Die Stiftung wurde auf Wunsch Pappermanns in einem restaurierten Teil des Museums eingerichtet. Höhepunkte sind Werke von Meistern der ersten und zweiten Romantikergeneration, wie Johann Christian Clausen Dahl, Carl Gustav Carus und Johann Anton Castell. Vertreten sind außerdem Christian Friedrich Gille und der heute fast vergessene Ludolf Verworner.
Die Freilichtmalerei wird durch herausragende Werke von Gotthardt Kuehl und Robert Sterl ausgewiesen. Arbeiten von Hans Jüchsen oder Paul Wilhelm sind ebenso vorhanden wie von Albert Wigand und Joachim Heuer. Bilder von Malern, die bis vor wenigen Jahren oder noch heute in Dresden arbeiten, sind seltener, aber durchaus repräsentativ. Dazu gehören Otto Westphal und Werner Haselhuhn.

Öffnungszeiten: Dienstag bis Freitag 13–16 Uhr, Samstag, Sonntag 10–17 Uhr.

Dippoldiswalde: Silberbergbau im Osterzgebirge

Dippoldiswalde ruht im Tal der Roten Weißeritz, wird begrenzt von wiesenreichen Hügeln und ist flußabwärts offen zur Talsperre Malter. Die rund 6000 Einwohner zählende Stadt im Osterzgebirge ist von Dresden etwa 20 Kilometer entfernt. 1266 war der Ort eine offene Stadt und erstreckte sich von den Dörfern Niedermalter bis Niederulberndorf.

Die Anfänge der Siedlung sind nicht belegt. Nur eine Sage erzählt, daß im 10. Jahrhundert ein Eremit namens Dippoldus, aus dem adeligen Geschlecht derer von Clohmen, so ein heiliges Leben geführt haben soll, daß er vom Papst kanonisiert wurde. Der Heilige, auf dessen angebliche Existenz ein Einsiedlerstein in der nahe gelegenen Dippoldiswalder Heide hinweisen soll, traf, so die Sage, zufällig den Herzog Boleslaus aus Böhmen, der einen Brudermord verübt hatte. Der Gottlose war von der Begegnung mit dem Einsiedler derart beeindruckt, daß er sich von ihm taufen ließ und künftig nichts Böses mehr tat. Aus Dankbarkeit soll er Dippold gleich eine Kapelle gebaut – an der Stelle, wo heute die Stadtkirche steht – und ihn als Priester eingesetzt haben.
Die tatsächlich älteste Urkunde, in der Dippoldiswalde genannt wird, stammt aus dem Jahr 1218. Im 13. Jahrhundert ist der Silberbergbau auf dem Siedlungsgebiet nachweisbar. Mit wechselndem Erfolg lebten die Einwohner bis 1864 größtenteil nicht schlecht davon.
Die Innenstadt von Dippoldiswalde hat ihren alten Grundriß bis heute bewahrt. Im dichtbevölkerten oberen Teil lebten vor allem die Handwerker. Der untere Teil der Innenstadt gehörte vor allem Angehörigen der städtischen Geschlechter und den Amtsverwaltern, Gerichts-, Kirchen-, Schul- und Ratsbeamten. Umgeben war bis zum Jahr 1814 alles von einer Ringmauer. Die Herrengasse führte vom Obertor, dem Haupttor der Stadt, zum Markt und zum Kirchplatz.
Dort steht die Stadtkirche St. Marien und Laurentius. Die heutige Erscheinung des Gotteshauses ist im wesentlichen ein Werk der Spätgotik.

Überregional bedeutend sind die 16 Gemälde von Willi Kriegel in der Städtischen Sammlung Freital in Schloß Burgk. Wie Otto Dix hatte er bei Otto Gußmann studiert. Ein eindrucksvolles Beispiel seiner Kunst ist das „Porträt des Malers Hofmann-Juan" von 1931. Den eigenwilligen Kollegen, von dem in der Sammlung drei Werke existieren, stellte Kriegel im Malerkittel dar.

Begründet worden sein dürfte sie als Basilika im ersten Drittel des 13. Jahrhunderts. Hinweise darauf geben gotische und romanische Schmuckelemente, die nebeneinander existieren. Auf den romanischen Baustil weist der Turm mit seinen vier nach oben zurücktretenden Geschossen samt dem darin befindlichen Haupttor hin.

Stadtkirche wurde zur gotischen Halle

Nachdem 1429 das Mittel- und die zwei niedrigen Seitenschiffe durch die Hussiten zerstört worden waren, begann der Wiederaufbau einer dreischiffigen gotischen Hallenkirche von fast quadratischer Gestalt, deren vier achteckige Pfeiler mit eingezogenen Seitenflächen gotische Sterngewölbe mit Rippen ohne Seitenbearbeitung tragen. Gewölbe und Fenster zeigen die Merkmale spätgotischer Kunst.

Immerhin erstreckten sich die Bauarbeiten über mehrere Jahrzehnte. Die Jahreszahl 1506 über dem Südeingang bezeichnet nur das Ende eines Bauabschnittes. Beteiligt an der Errichtung waren Steinmetze des Freiberger Doms. Außerdem wirkte hier Konrad Krebs (auch Konrad von Büttigen), der Werkmeister am Torgauer Schloß war.

1634 lag die Kirche nach den Kämpfen im Dreißigjährigen Krieg in Schutt und Asche. Erhaltengeblieben sind die Gewölbe. 1636 begann der Wiederaufbau. Am ersten Weihnachtsfeiertag 1638 hielt die Gemeinde erstmals wieder Gottesdienst in der Kirche. Den Nordflügel des Gotteshaus baute man erst 1840 an.

Im Inneren der Stadtkirche befindet sich die Sakristei mit sternbogigem Gewölbe und markant profilierten Bogenrippen, vorhangbogigen Fenstern und reizvollen Türgewänden um den Eingang vom Chorraum. Darüber die ebenfalls sternbogig überwölbte „Bibliothek“. Die Altäre aus der vorreformatorischen Zeit sind nicht mehr vorhanden, lediglich die Mensa des Hauptaltars. Im Chor trägt die Kassettendecke noch heute 33 Gemälde von Johann Panitz aus den Jahren 1640/42, dargestellt sind Evangelisten und Apostel. 1657 errichtete Christoph Wießner aus Struppen den neuen Altar. Das Altarbild der Kreuzigung schuf 1670 der Dresdner Oberhofmaler Johann Finck. Die Stöckelorgel mit dem neugotischen Prospekt stammt aus dem Jahr 1864.

Nach einem Brand (1707) wurde Freitals Schloß Burgk (1580) barock bis 1709 wiederaufgebaut. 1847 veränderte man es im Stil der Neorenaissance. Mittig auf dem Satteldach sitzt ein schlanker Dachreiter mit spitzem Helm. An der westlichen Schmalseite befindet sich eine überdachte Terrasse mit zweiläufiger Treppe zum Garten. In dem auch als „Haus der Heimat“ bezeichneten Gebäude sind die Exponate der Städtischen Sammlung untergebracht.

Hofseite des Schlosses zeigt zur Stadt

Das Schloß, heute Verwaltungsgebäude, liegt an der Westseite des Kirchplatzes und wendet der Stadt die Hofseite zu. Deren zweiachsiger Mittelbau mit seinen Formen aus der Frührenaissance ist der wichtigste Teil des Anwesens.

Die Stadtseite, die vermutlich um das Jahr 1550 entstand, ist mit reichen baukünstlerischen Ornamenten ausgestattet. Zu sehen sind Blattwerkschmuck der Frührenaissance, Wappenschilder und Flachrundbildnisse des Maltitzschen Geschlechts. Die Stirnseite, schlicht und wehrhaft, zeigt nach Westen, zum Schloßgarten. Das Mittelstück wurde später ergänzt durch einen Nord- und Südflügel.

Laut einer Urkunde existierte bereits 1344 das Gemäuer. 1569 ging das Anwesen an Kurfürst August, der den Schloßbau fortsetzen ließ. Mit dem südlichen Teil beauftragte er bis 1572 unter anderem die Freiberger Steinmetze Bastian Hanauer, Hans Weigold und Daniel Lorenz. Als Architekten wirkten zunächst der Erbauer der Augustusburg Rochus von Lynar, später Christoph Tendler mit.

1634 wurde das Schloß zerstört, ein Jahr später begann der Wiederaufbau. Unter Johann Georg III. schritt die Instandsetzung entscheidend voran, konnte aber erst Jahre nach seinem Tod 1725 vollendet werden. Der Nordflügel kam im Jahr 1842 hinzu. Das Schloß diente im Laufe der Jahrhunderte als Amtsgebäude, Wohnhaus, Jagd-

schloß sowie als Gefängnis. Zurück zum Markt. Dort nimmt die Hälfte der Südseite das freistehende, im Kern spätgotische Rathaus samt Satteldach ein. Die architektonische Vergangenheit eines Teils des dreigeschossigen Gebäudes reicht bis in das 15. Jahrhundert zurück. Heute ziert die Vorderseite ein Renaissanceportal.
Bemerkenswert ist das Rundbogenportal mit spätgotischem Stabwerk und Sitznischen. Über dem Portal hängt das Maltitzsche Wappen, links und rechts an der Hauptfassade stehen die Sandsteinskulpturen der Mutter Maria, Schutzheilige der Kirche, sowie des hl. Laurentius, Schutzheiliger der Kirche und der Stadt. Über den Figuren finden sich Baldachine mit Stilelementen der Spätgotik und Frührenaissance.

Beachtenswert in der Nikolaikirche: der Flügelaltar

Zu den ältesten Baudenkmälern im Dresdner Raum gehört die Nikolaikirche aus dem 13. Jahrhundert. Sie hat bis heute ihren Charakter als turmlose dreischiffige Basilika mit romanischen und gotischen Stilelementen erhalten. Von der Ausstattung sind vor allem beachtlich der spätgotische Flügelaltar von etwa 1520 mit seinem schönen Gesprenge, eine Schnitzfigur des heiligen Nikolaus des 14. Jahrhunderts sowie eine Kreuzigungsgruppe des 15. Jahrhunderts.
Das Heimatmuseum befindet sich in einer 1750 erbauten, originalgetreu rekonstruierten Lohgerberei. Das Haus zeigt die historische Entwicklung des Osterzgebirges. *Öffnungszeiten:* Montag bis Freitag 10–12 und 13–17, Samstag und Sonntag 10–17 Uhr.

In **Schmiedeberg**, der nächsten größeren Station auf der Bundesstraße 170 Richtung Zinnwald, zehn Kilometer hinter Dippoldiswalde, steht ein weiterer Bau, der als Vorstufe zum Dresdner Hauptwerk George Bährs gilt: die Dreifaltigkeitskirche, die von 1713 bis 1716 erbaut wurde. Im Grundriß handelt es sich um ein griechisches Kreuz mit einer Kreissegmentausbuchtung auf der Ostseite. Ein Dachreiter bekrönt den zentralen Bau. Die in drei Ebenen aufgebaute Empore folgt innen einem Achteck. Der Kanzelaltar und der Taufstein davor greifen in den Gemeinderaum hinein. Altar und Taufstein fertigte Hofbildhauer Johann Benjamin Thomae aus Dresden. Die Orgel, die die Gebrüder Dressel in Buchholz arbeiteten, wurde 1716 aufgesetzt, später zerstört und 1967 nach alten Plänen neu erbaut.
Acht Kilometer östlich von Dippoldiswalde liegt der Ort **Reinhardsgrimma.** Der Ausflug lohnt sich schon wegen der Dorfkirche, deren Sakristei höchstwahrscheinlich aus dem 13. Jahrhundert stammt

Die Dreifaltigkeitskirche in Schmiedeberg wurde 1713/16 nach Plänen George Bährs errichtet. Sie gilt als Vorstufe zum Dresdner Hauptwerk des Architekten. Die abgewalmten, sich durchkreuzenden Dächer des Zentralbaus tragen in ihrer Mitte einen wuchtigen Dachreiter. Markant sind die hohen rechteckigen Fenster, die viel Licht in den großzügig konzipierten Innenraum fallen lassen.

und deren Orgel auf der Westempore Gottfried Silbermann 1729/30 schuf. Der zweigeschossige Altaraufbau entstand 1601, die Kanzelgemälde 1672.
Zum anderen lohnt sich der Weg wegen des Schlosses. Entworfen und errichtet hat es 1776 Johann Friedrich Knöbel. Der zweigeschossige Bau, heute Bildungszentrum, hat ein Mansarddach und wird von einem Dachreiter bekrönt. Typisch für die damalige Rokoko-Raumbildung in Sachsen ist der Grundriß der Dreiflügelanlage mit dem kräftig bogenförmig vorspringenden Mittelteil auf der Gartenseite.
Die Delfter Fayencen des 18. Jahrhunderts in einem Seitenkabinett sind wohl die größte Sehenswürdigkeit. Der Hauptsaal besitzt vier große Gemälde mit Landschaftsszenen.

Türkensaal lockt zum Schloß von Lauenstein

Etwa 30 Kilometer südlich liegt **Lauenstein** mit seinem Renaissanceschloß, das auf einem steil abfallenden Bergsporn liegt. Zu den prächtigsten Räumen gehört der *Türkensaal*. Er ist ausgestattet mit einer reich stuckierten Decke in Beschlag- und Rollwerkornamentik, Nachbildungen türkischer Krieger und exotischer Tierköpfe sowie einem Allianzwappen der Bünau-Bredow, um 1600.
Im angegliederten *Heimatmuseum* gibt es vielerlei Exponate zur Stadtgeschichte und Schindelherstellung. Außerdem sind Landschaftsgemälde ausgestellt.
Öffnungszeiten: Dienstag bis Freitag 10–12, 13–16.30 Uhr, Samstag und Sonntag 13 bis 16.30 Uhr.
Sehenswert ist die spätgotische dreischiffige Stadtkirche mit dem neun Meter hohen, virtuos gearbeiteten Bünauschen Epitaphaltar aus dem 16. Jahrhundert, der aus vier Geschossen besteht. Das Sandsteinwerk gehört zu den bedeutendsten seiner Art in Deutschland. Die dargestellten Szenen sind unter anderem Ölberg, Abendmahl und Kreuzigung.
Kulturhistorisch wertvoll ist die Dorfkirche, die um 1200 in **Höckendorf** entstanden ist. Bis heute sind die Kassettendecke, Rundbogenfriese und der Triumphbogen erhalten. 1500 wurde ein spätgotischer Chor angefügt. Den Flügelaltar schuf 1515 ein Freiberger Meister. Im Mittelschrein steht Maria Magdalena, umgeben von den Hll. Katharina, Petrus, Johannes und Paulus.
Das nördliche **Tharandt** ist erfreulich waldreich. Die im Jahr 1627 errichtete Kirche mußte 1807 nach einem Brand völlig erneuert werden. Sie besitzt einen zweigeschossigen Emporensaal, am Westturm ein hochwertiges spätromanisches Portal sowie eine aus dem 15. Jahrhundert stammende Kreuzigungsgruppe.

In der Stadtkirche von Lauenstein beeindruckt ein Epitaph von enormen Ausmaßen: In Form einer Pyramide wurde der Gedenkstein für Rudolph von Bünau († 1592) und seine Gemahlin († 1591) neun Meter hoch und sieben Meter breit errichtet. Michael Schwenke schuf das viergeschossige Sandstein-Werk, als er von 1594 bis 1602 für die Kirche tätig war. Er fertigte auch die Kanzel.

In Dresdens Gemäldegalerie Alte Meister begeistern die Ansichten von Bernardo Bellotto, genannt Canaletto. Ausgewogen in der Komposition und in der Farblichkeit ist etwa „Die ehemaligen Festungswerke von Dresden". Links sieht man den Zwinger mit dem Kronentor, rechts daneben den Hausmannsturm des Schlosses und die Hofkirche. Damals standen auch noch das dargestellte weiße Adamsche Haus und rechts daneben das Wilsdruffer Torhaus.

Wertvolle Dresdner

Allein schon wegen der Kunstsammlungen lohnt Dresden den Besuch, etwa die Porzellansammlung im Zwinger, in dessen Semperbau die Gemäldegalerie für Alte Meister und die Rüstkammer. Im Albertinum locken die Galerie für Neue Meister, die Skulpturensammlung und das Grüne Gewölbe mit ihren teils weltberühmten Schätzen.

Die meisten Schätze, die den Ruhm der einstigen Residenzstadt ausmachen und noch heute wichtigster Magnet für Besucher aus aller Welt sind, finden sich in den Museen der Staatlichen Kunstsammlungen Dresden. Um die Krone der Publikumsgunst wetteifern wohl die Gemäldegalerie Alte Meister im Semperbau am Zwinger und die gegenwärtig im Albertinum untergebrachte Sammlung Grünes Gewölbe, benannt nach der Schatzkammer der Kurfürsten.

Kurfürst August (1526–1586), der anderthalb Jahrhunderte früher als August der Starke lebte, gründete 1560 die „Churfürstliche Kunstkammer“. Zusammen mit Schatz- und Rüstkammer sowie anderen Spezialsammlungen bildete sie den Grundstock der 1831 vereinigten „Königlichen Sammlungen für Kunst und Wissenschaft“. Aufgrund von Neugliederungen bestehen die „Staatlichen Kunstsammlungen Dresden“ heute aus elf Einzelmuseen und einer Zentralbibliothek.

Wenn das Schloß fertiggestellt ist, werden unter anderem das Grüne Gewölbe, das Kupferstich-Kabinett sowie Kollektionen anderer Museen dort einziehen.

Gemäldegalerie Alte Meister, Semperbau am Zwinger

Seit dem Jahr 1992 hat die Gemäldegalerie wieder ihren Platz in dem 1855 nach Gottfried Sempers Plänen vollendeten Museumsbau, mit dem der Zwinger am Theaterplatz (20) (Ziffern entsprechen dem Stadtplan auf Seite 14) damals architektonisch geschlossen wurde. Vier Jahre lang mußte das Gebäude auf modernen Standard gebracht werden. Bei der dekorativen Gestaltung der Säle wurde weitgehend der ursprüngliche Zustand aus Sempers Zeit angestrebt.

Bei der Hängung bewahrte man die seit dem 19. Jahrhundert bewährte Gliederung, allerdings hing man die Gemälde dichter, an vielen Wänden zweireihig übereinander. Die gedrängte Unterbringung war schon unter Kurfürst Friedrich August II. üblich gewesen. Dieser sächsische Herrscher war es, der Raffaels „Sixtinische Madonna“ und Hunderte weiterer Spitzenwerke aus Italien, Frankreich und anderen Ländern heranholen ließ.

Im Bereich des Entrees sind Reiterbildnisse des Hofmalers Louis de Silvestre zu sehen: August der Starke sowie sein Sohn und Nachfolger. In den Parterre-Kabinetten beiderseits des Gobelinsaales, in dem nach Vorlagen Raffaels gewebte Bildteppiche hängen, befinden sich Veduten von Bernardo Bellotto, genannt Canaletto, und andere Ansichten Dresdens.

Treppauf stößt der Besucher zunächst auf weitere Werke von Silvestre und Canaletto, um dann schon zum bedeutendsten Sammlungsteil zu finden, den italienischen Gemälden des 15. bis 17. Jahrhunderts, die sich in den westlichen Sälen des Hauptgeschosses befinden. 345 der in der Galerie insgesamt ausgestellten 780 Werke stammen von italienischen Mei-

Exponate der Kunstsammlungen

stern. Neben der „Sixtinischen Madonna“, die Raffael 1513 im Auftrag des Papstes für die Kirche San Sisto in Piacenza malte, sind es vor allem Giorgiones „Schlummernde Venus“, ein Bild, das Tizian fertigstellte, und die „Heilige Nacht“ von Correggio, welche die Betrachter in Verzückung versetzen – Gemälde aus dem ersten Viertel des 16. Jahrhunderts. Die am dichtesten umdrängten Werke in den östlichen Sälen stammen von Holländern wie Rembrandt und Flamen wie Peter Paul Rubens. Es sind Meisterstücke europäischer Malerei des 17. Jahrhunderts.

Ebenfalls im ersten Stock liegt der sogenannte Deutsche Saal. Er birgt neben Hauptwerken von Albrecht Dürer, Hans Holbein dem Jüngeren und Lucas Cranach dem Älteren weitere Beispiele altdeutscher Malerei, aber auch altniederländische Kunst. Von Dürer sind das Frühwerk „Die sieben Schmerzen der Maria“, der Dresdener Altar und das reife Bildnis des Bernhard von Reesen zu sehen. Cranach ist unter anderem mit seinem großartigen Katharinenaltar vertreten, Holbein mit Bildnissen wie dem des Sieur de Morette.

Im zweiten Obergeschoß der Galerie befinden sich in 16 weiteren kleineren Kabinetten Pastelle wie das „Schokoladenmädchen“ von Jean-Etienne Liotard sowie vor allem Werke italienischer, französischer, spanischer und deutscher Künstler. Einer der faszinierendsten der in dieser Etage vertretenen Maler ist Giovanni Battista Tiepolo. Seine „Vision der heiligen Anna“ und der „Triumph der Amphitrite“ sind von bewegendem Gestus und weisen den Venezianer als wohl größten Maler des Rokoko aus. Beide Bilder gehören zu den wenigen erst im 20. Jahrhundert erworbenen Werken der Galerie. Sie wurden 1926 und 1927 gekauft.

Kunstfreunde werden unzählige weitere Entdeckungen machen. Die großen Namen der europäischen Malerei bis zum Ausklang des 18. Jahrhunderts sind hier Legion wie sonst nur im Prado, im Louvre und in den Uffizien. „Willkommen“, steht über den Türen der zentralen Rotonde, „im Heiligthume der Kunst“.

Öffnungszeiten: Dienstag bis Sonntag 10–18 Uhr.

Vom Holländer Gerard Terborch (1617–1681) hängt in der Galerie Alter Meister das Gemälde „Eine Dame, die sich die Hände wäscht“. Es entstand um 1655, dem Jahr, in dem er in Deventer das Bürgerrecht erwarb. Terborch, der 1666 Ratsherr wurde, war ein Bildnismaler, der gleichermaßen Brustbild, Kniestück und die ganze Figur beherrschte. Die dargestellten Personen sind meist wenig bewegt und strahlen Ruhe aus.

Rüstkammer, Semperbau am Zwinger

Im Ostparterre des Semperbaus ist mit der Rüstkammer, die lange Zeit Historisches Museum hieß, eine der bedeutendsten Prunkwaffensammlungen der Welt untergebracht. Waffen, Harnische und Helme, Reitzeug und Jagdutensil, Schmuck und Kleidung aus mehreren Jahrhunderten vermitteln einen glänzenden Eindruck von der auf Pracht zielenden Machtdarstellung der Wettiner.

Rechts: In der Bogengalerie der Porzellansammlung im Zwinger sind Vasen aus China und Japan ausgestellt. Einheitlich zeigen diese Arbeiten des 17. und 18. Jahrhunderts blau-weiße Muster. Wandarrangements sollen zeigen, wie sich August der Starke die Einrichtung des Japanischen Palais als Porzellanschloß vorstellte.

Bemerkenswerte Schaustücke sind, neben all dem wehrhaften Metall, der Krönungsornat Augusts des Starken, ein Stiefel Napoleons sowie Pantöffelchen der Habsburger Kaiserin Maria Theresia. Da derzeit auf nur 800 Quadratmetern allenfalls acht Prozent des mit rund 10 000 Objekten überaus reichen Bestandes gezeigt werden können, blicken Besucher gewissermaßen auf das Beste vom Besten aus dieser schon im 15. Jahrhundert angelegten Sammlung.

Anfangs dienten Rüst-, Jägerei- und Harnischkammer nebenbei noch praktischen Zwecken, doch schon um 1560 erlangte dieser damals im Schloß gelegene Raumkomplex Ausstellungscharakter. Er wurde eine Art Hofmuseum, in das der Fürst seine Gäste führte, um sie mit diesem eisernen Teil des sächsischen Staatsschatzes zu beeindrucken. 1832 zog das Museum in den Zwinger und kam später in die Sempergalerie.

Öffnungszeiten: Dienstag bis Sonntag 10–18 Uhr.

Porzellansammlung, Zwinger

Der stadtwärtige Flügel des Zwingers zwischen Kronentor und Glockenspielpavillon beherbergt die Porzellansammlung. Dieses Museum wurde hier 1962 nach längerer Rekonstruktion des Gebäudeteils wiedereröffnet, der Eingang liegt an der So-

phienstraße. Die historische Heimstatt dieser zum größten Teil von August dem Starken zusammengetragenen Sammlung war einst das Japanische Palais auf der Neustädter Elbseite.
Meißner Porzellan aus dem 18. Jahrhundert ist ein wesentlicher Bestandteil der Dauerschau. Außer rotem Böttgersteinzeug, zum Beispiel einer Statuette von Johann Joachim Kretzschmar mit der Gestalt Augusts des Starken, sind vor allem die Porzellanplastiken von Johann Gottlieb Kirchner und Johann Joachim Kaendler sowie die von Johann Gregorius Höroldt gestalteten Porzellane von hohem kunstgeschichtlichen Rang.
Ein bedeutender Ausstellungsteil ist der ostasiatischen Keramik gewidmet. In China wird Porzellan vermutlich bereits seit dem 7. Jahrhundert hergestellt. Neben einigen sehr alten Stücken (wie Grabbeigaben aus der Han-Zeit, 206 v. Chr. bis 220) finden sich Schätze aus der Zeit der Ming-Dynastie (1368–1644) sowie Porzellane des 17. und 18. Jahrhunderts aus Arita in Japan.
Ein Teil der Porzellansammlung soll später im sogenannten Turmzimmer des Residenzschlosses Platz finden: Dieser Raum diente bis zum Zweiten Weltkrieg schon einmal als Porzellankabinett.
Öffnungszeiten: Freitag bis Mittwoch 10–18 Uhr.

Gemäldegalerie Neue Meister, Albertinum

Im Obergeschoß des Albertinums (10) an der Brühlschen Terrasse 2a befinden sich Plastiken und Skulpturen vom Klassizismus bis zur Gegenwart. Aber auch die Bestände der Gemäldegalerie Neue Meister mit Werken des 19. und 20. Jahrhunderts werden hier präsentiert. Damit wird zeitlich angeschlossen an die ältere Galerieschwester.
Die Idee, auch Neue Meister auszustellen, geht auf das Jahr 1848 zurück, als der Akademische Rat beschloß, die seit 1763 von der Gemäldegalerie praktizierte Ausgrenzung von zeitgenössischen Künstlern aufzuheben. In der Sempergalerie gab es 1855 dann auch 20 Neue Meister. Die „moderne“ Abteilung wurde zwar immer

Im Grünen Gewölbe des Albertinums existiert eine Sammlung der sogenannten Monströsen- oder Groteskfigürchen, die allesamt aus unterschiedlichen wertvollen Materialien hergestellt sind. Eines von ihnen ist der tanzende Zwerg, der vor 1725 entstanden ist. Der Körper besteht aus einer Perle. Weitere Bestandteile sind Saphir, Silber, Gold, Email und Edelsteine.

größer, eine eigenständige Gemäldegalerie Neue Meister aber erst im Jahr 1959 gebildet. Die hatte, außer Prachtwerken der Romantik, des Impressionismus und wenigen Werken des Expressionismus, auch laufende Meter sozialistischen Realismus zu bieten.

Mit der Neuordnung nach 1989 öffnete sich das Museum stärker der europäischen Gegenwartskunst, vor allem mit Sonderausstellungen im Klinger- und Mosaiksaal sowie den Kabinetten im ersten Obergeschoß.

Der Rundgang beginnt im Foyer und Treppenhaus zeitgenössisch mit Bildern unter anderem von Axel R. Penck („Go Go Gorbatschow") und dem Chemnitzer Michael Morgner („Schreitender"). Wendet man sich, im zweiten Obergeschoß angekommen, nach rechts, erlebt man eine sukzessive Reise in die Vergangenheit. Den sächsischen beziehungsweise exsächsischen Stars der 1970er bis 1990er Jahre (etwa Eberhard Göschel, Gerhard Richter und Georg Baselitz) schließen sich Dresdner Entdeckungen aus der Mitte des Jahrhunderts an: Curt Querner, Wilhelm Lachnit und Ernst Hassebrauk.

Nach dem Triptychon „Der Krieg" von Otto Dix geht es nach links in die kleine, aber feine Kollektion der klassischen Moderne: Von Paul Klee über Lyonel Feininger und Carl Lohse bis hin zu den „Brücke"-Künstlern. Bis auf Karl Schmidt-Rottluff, der mit sechs Bildern dabei ist, sind diese Dresdner Künstler nur episodisch vertreten, manche, wie Otto Mueller, nur mit einer Dauerleihgabe. Zahlreiche Bilder der „Brücke", vom „Blauen Reiter" sowie von Oskar Kokoschka und Max Beckmann wurden 1937 in der Nazi-Aktion „Entartete Kunst" ausrangiert und sind heute über die ganze Welt verstreut.

Durch einen Übergangsraum gelangt man in die ganz andere Kunstwelt der Jahrhundertwende. 18 Bilder des Impressionisten Max Slevogt, darunter das wundervolle Bildnis der Tänzerin di Rigardo, sieben Werke von Lovis Corinth sowie je sechs von Gotthardt Kuehl und Max Liebermann bilden eine einzige gemalte große Ode an das Licht. Dennoch gibt es hier noch eine Steigerung: das „Quittenstilleben" von Vincent van Gogh, das „Pfirsichglas" von Claude Monet, Werke von Edgar Degas, Edouard Manet und Auguste Renoir und die „Zwei Frauen auf Tahiti", die Paul Gauguin 1892 malte.

Dahinter führt die Zeitreise unter anderem zu Adolph Menzel und Carl Spitzweg, Ferdinand von Rayski und Adrian Ludwig Richter, bis hin zu den großen Romantikern mit dem Caspar-David-Friedrich-Saal, der für viele allein schon ein ausreichender Grund ist, das Albertinum zu besuchen. „Das Kreuz im Gebirge" von 1808 und „Das Große Gehege bei Dresden" von 1832 sind hier ausgestellte Hauptwerke der Malepochen Friedrichs.

Dem Saal schließen sich, nach einem Skulpturenkabinett, die drei Säle des Nordflügels an, über die man zurück zur Treppe gelangt. Ein Sprung

Von Johann Melchior Dinglinger stammt die Zierschale mit dem Bad der Diana (1704). Die Göttin der Jagd sitzt unter einem diamantreifverzierten Baldachin auf dem Rand einer Schale aus Chalzedon. Aus Delphinmäulern ergießt sich stilisiertes Wasser. Das Haupt des Zwölfenders erinnert an die Sage, nach der der Jäger Aktaeon die Göttin beim Bade beobachtete und in einen Hirsch verwandelt wurde. Das Werk gehörte August dem Starken.

zurück in die Gegenwart führt zu bedeutenden deutschen Künstlern der letzten Jahrzehnte: darunter Emil Schumacher und Willi Wolff.
Öffnungszeiten: Freitag bis Mittwoch 10–18 Uhr.

Skulpturensammlung, Albertinum

Die Skulpturensammlung im Albertinum wurde zwischen 1723 und 1728 durch massive Ankäufe aus Rom und vom preußischen Hof als Sammlung antiker Skulpturen gegründet und fand zunächst 1729 ihren Platz im Palais im Großen Garten. Über ein mehrjähriges Zwischenquartier gelangte sie 1785 ins Japanische Palais.
Erst der 1889 vollendete Umbau des alten Zeughauses zum Albertinum sicherte dieser Sammlung eine dauerhafte Heimstatt, die sie sich allerdings auf lange Sicht mit den Neuen Meistern und noch einige Zeit mit dem Grünen Gewölbe und dem Münzkabinett teilen muß.
Eigenständig erscheint die Antikensammlung im Erdgeschoß, das unter dem Niveau der Terrasse liegt. Grundstock sind 50 Bildwerke aus der um 1725 aufgelösten und weitgehend nach Dresden übernommenen Berliner Antikenkammer, 160 Stücke aus dem Nachlaß des Fürsten Agostini Chigi, 34 Werke aus der Sammlung des Kardinals Alessandro Albani sowie die drei, erst 1709 bei den Ausgrabungen in Herculaneum gefundenen Frauenstatuen, die aus dem Nachlaß des Prinzen Eugen von Savoyen erworben wurden. Hinzu kam 1782 eine bedeutende Anzahl von Gipsabgüssen antiker Skulpturen aus dem Nachlaß des Malers Anton Raphael Mengs.
Sowohl die Antikensammlung als auch die vor 1900 forcierte Sammlung zeitgenössischer Skulpturen wurden systematisch erweitert. 1962 wurden dem Museum auch sächsische Bildwerke des Mittelalters übertragen, die sich zuvor im nun nicht mehr existierenden Altertumsmuseum befunden hatten.
Zu den Highlights der Schau gehören Flachreliefs aus ägyptischen Grabkammern des Alten Reiches, die mindestens 4200 Jahre alt sind. Reich ist die Auswahl hellenischer Kunst, darunter der „Dresdner Knabe“, die Replik einer Skulptur von Polyklet. Unter den römischen Werken dominiert die Porträtplastik. Von besonderem Wert aus der Gruppe mittelalterlicher Kunst ist die „Madonna aus Otzdorf“, die ein unbekannter deutscher Meister um 1150 aus Lindenholz geschnitzt hat.
Plastik des 19. und 20. Jahrhunderts wird im zweiten Obergeschoß in Abstimmung mit den Neuen Meistern und in schöner Ergänzung zu ihnen gezeigt. Auguste Rodin empfängt den Gast mit der Skulptur „Denker“ von 1903 am Eingang oberhalb der Treppe, ein weiteres Kabinett wurde ihm im Saal der Impressionisten in Nachbarschaft zu Monet und Manet eingerichtet. Klassizisten wie Christian Daniel Rauch und Johann Gottfried Schadow teilen sich mit anderen einen Saal im Ostflügel. Auch die Arbeiten von Aristide Maillol, Medardo Rosso, Constantin Meunier und Wilhelm Lehmbruck muß man nicht lange suchen. Starke Positionen in der zeitgenössischen Abteilung offenbaren die Dresdner Frank Maasdorf, Thea Richter, Matthias Jackisch und Peter Makolies.
Öffnungszeiten: Freitag bis Mittwoch 10–18 Uhr.

Grünes Gewölbe, Albertinum

Diese Einrichtung – ebenfalls im Albertinum – ist ein einziger Superlativ: reichstes und einziges noch vollständig

Der Mediziner Carl Gustav Carus (1789–1869), ein Freund und Biograph Goethes, gehörte zu den bedeutendsten Theoretikern romantischer Kunst und Geisteshaltung. Mit seinen ästhetischen Schriften inspirierte er auch Caspar David Friedrich. Dieser wiederum war Vorbild für die Malerei des Jüngeren. Vorzugsweise schuf Carus Mondscheinlandschaften und in Dämmerlicht getauchte Natur. In der reich bestückten Galerie Neue Meister im Albertinum hängt sein Gemälde „Felsen in der Sächsischen Schweiz“.

erhaltenes Pretiosenkabinett Europas; die komplette Schatzkammer der Kurfürsten von Sachsen; 3100 Werke aus Gold, Silber, Edelstein und Elfenbein, ferner aus Bernstein, Hölzern, Messing, Bronze, Eisen und Glas – und von zum Teil unglaublicher Kunstfertigkeit.

Schätze besaßen auch schon die früheren Wettiner Fürsten, aber erst August der Starke ließ ab 1723 diese Sammlung als Schau im Schloß anlegen, zunächst das Silberzimmer, das Weißsilberzimmer und das Pretiosenkabinett, dazu ab 1727 das Wappenzimmer, das Juwelenzimmer, das Bronzenzimmer und das Elfenbeinzimmer.

Die neue Sammlung wurde natürlich auch aus der „Geheimen Verwahrung“ gespeist, der damals längst vorhandenen Schatzkammer, die aufgrund ihres Aussehens im Schloßjargon „Grünes Gewölbe“ genannt wurde und sich im Erdgeschoß befand. Die alte Schatzkammer wurde mit Hilfe von Mauerdurchbrüchen erweitert, um als das von Matthäus Daniel Pöppelmann konzipierte Schatzkammer-Museum einer begrenzten Öffentlichkeit zugängig gemacht werden zu können.

Nach dem Tod Augusts des Starken 1733 veränderte sich die Sammlung nur noch wenig. Sein Sohn fügte einige Juweliersstücke hinzu. 1772, in den schlechten Zeiten nach dem Siebenjährigen Krieg, wurde einiges Gold und Silber eingeschmolzen. 1832 gelangten etwa 500 Teile aus der Kunstkammer ins Grüne Gewölbe. 1924 erhielt das Haus Wettin im Zuge der Fürstenabfindung Bestandteile der Sammlung. 1942 wurde sie in die Festung Königstein ausgelagert.

1945 wurden einige Räume beim Bombardement Dresdens so schwer beschädigt, daß sie einstürzten. Die stärksten Gewölbe hielten jedoch stand und waren damit die einzigen historischen Räume der Innenstadt, die den Angriff, wenn auch beschädigt, überstanden. In diese Säle wird die Sammlung, die jetzt noch im Albertinum ist, in einigen Jahren zurückkehren.

Größte Berühmtheit unter den Brillantenkolliers, edelsteingeschmückten Elfenbein-Schnitzereien oder goldenen Kleinodien ist der „Hofstaat des Großmoguls“ (1701/08) von Dinglinger und seiner Werkstatt. Man braucht Zeit, um mit dem Blick auch die Details en miniature einzufangen, die neben den kostbaren Materialien nicht unerheblich den Reiz dieser Schau ausmachen. Geblendet von dem Glanz, soll schon 1728 ein Baron von Pöllnitz, nachdem er geführt worden war, notiert haben: „Dies ist die schönste Stelle der Erde.“

Öffnungszeiten: Freitag bis Mittwoch 10–18 Uhr.

Kupferstich-Kabinett

Eine der ältesten, reichsten und künstlerisch bedeutendsten grafischen Sammlungen der Welt ist das Kupferstich-Kabinett (51) in der Güntzstraße 34. Es befindet sich – wenn man sich zu Fuß hinbegibt – eine Viertelstunde östlich des Albertinums. Zur Zeit ihrer Gründung gab es etwas ähnliches nur in Paris schon.

An die 450 000 Werke vereint die Sammlung und führt damit alle Formen künstlerischen Bilddrucks und der Zeichnung im Wandel der Jahrhunderte zusammen: altdeutsche Kupferstiche, japanische Farbholzschnitte, expressionistische Radierungen und Lithographien,

In der im Albertinum untergebrachten Galerie Neue Meister hängen Klassiker der Moderne, etwa Paul Gauguin (1848–1903), der seine berühmtesten Werke in seiner Wahlheimat Tahiti schuf (mittleres Bild). Zu den bedeutenden Skulpturen, die hier ausgestellt sind, gehört die von Edgar Degas (1834–1917) gearbeitete Figur „Kleine Tänzerin von 14 Jahren“ (1880/81).

Künstlerplakate, Aquarelle und Fotografien. Ein Teil der Schätze wird durch Wechselausstellungen im Hause oder auch im Klinger- und im Mosaiksaal des Albertinums zugänglich gemacht oder kann selektiv im Studiensaal eingesehen werden.

Im Kabinett trifft man auf Namen wie Schongauer, Dürer, Cranach, Michelangelo, Raffael, Rembrandt, Rubens, Correggio, Renoir, Munch, Kollwitz, Mueller, Picasso und Penck. Nach dem neuen Museumskonzept soll das Kupferstich-Kabinett künftig die dritte Etage des Residenzschlosses beziehen mit Depot, Bibliothek, Ausstellungsräumen und Studienkabinetten.

Öffnungszeiten: Montag, Mittwoch, Freitag 9–16 Uhr, Dienstag, Donnerstag 9–18 Uhr.

Museum für Sächsische Volkskunst

Das Museum für Sächsische Volkskunst (52) ist im Jägerhof, Köpckestraße 1, untergebracht. Das teilweise erhaltene Gebäude unweit des Carolaplatzes in der Dresdner Neustadt gehört im Kern zu den ältesten Bauten der Stadt. Das Museum geht auf eine Gründung kurz vor 1900 zurück. Die ersten Ausstellungen fanden im Palais im Großen Garten statt.

1913 war der Ausbau des noch erhaltenen Renaissanceflügels, der vom Jägerhof übrig war, vollendet, und das Museum bezog sein neues Domizil, in das es auch nach der Beseitigung der Kriegsbrandschäden zurückkehrte. Nach dem Kriege war nur noch etwa ein Drittel der 30 000 Exponate, die 1944 inventarisiert worden waren, erhalten.

Schwerpunkt ist die regionale Volkskunst in Obersachsen und der Oberlausitz, geordnet nach Materialien (etwa Keramik, Glas, Metall, Holz) und nach dem Verwendungszweck (Möbel, Spielzeug, Schmuck und Trachten). Die ständige Ausstellung wird ergänzt durch Sonderschauen auf 200 Quadratmetern im Obergeschoß.

Öffnungszeiten: Dienstag bis Sonntag 10–18 Uhr.

Museum zur Dresdner Frühromantik, Kügelgenhaus

Das Museum zur Dresdner Frühromantik (35) im Kügelgenhaus, Hauptstraße 13, wurde nach der Instandsetzung des Straßenzugs in der Wohnung des Malers Gerhard von Kügelgen (1772 bis 1820) eingerichtet. Anhand von verschiedenen Dokumenten, Bildern und anderen Zeitzeugnissen soll die Dresdner Kultur- und Geistesgeschichte in der Zeit zwischen den Jahren 1785 und 1930 beleuchtet werden.

Der Weg durch die Räume streift Biographien im Wechselspiel von Philosophie, Literatur, Malerei und Musik. Den Beginn setzt Gottfried Körner, der sich 28jährig und frischvermählt in Dresden niederließ und sein Haus als „Freihafen für Wissen und Kunst“ Freunden und Gleichgesinnten öffnete: Mozart, Goethe, Tieck, die Gebrüder Schlegel und Novalis verkehrten hier. Um Schlegel, Novalis, Schelling und Runge bildete sich später der Kreis der Frühromantiker, der sich unter anderem in der Gemäldegalerie traf. Eine zentrale Gestalt dieser Jahre war Caspar David Friedrich, der außer den Genannten auch den Dichter Kleist und die Maler Carus, Dahl und Oehme um sich scharte.

In der Musik spielten in jener Zeit E.T.A. Hoffmann, der auch dichtete, und Carl Maria von Weber die nachhaltigste Rolle. Die Romantik war die letzte geistige Strömung von Rang, die von Dresden ausging.

Öffnungszeiten: Mittwoch bis Sonntag 10–18 Uhr.

Eine der Arbeiten, die von Hermann Glöckner (1889–1987) im Kupferstichkabinett hängen, ist die lackierte Collage „Sechsstrahliger Stern in Altgold“ von 1932 (50 x 35 cm). Im Alter von 31 Jahren begann er 1920, sich auf die geometrischen Grundlagen zu konzentrieren. Später gehörte Glöckner zu den ostdeutschen Malern, die dem zu DDR-Zeiten propagierten Ideal des sozialistischen Realismus nicht folgten.

Stadtmuseum, Landhaus

Seit 1966 befindet sich das Stadtmuseum im Landhaus (23) in der Wilsdruffer Straße 2. Es führt mit seiner in den letzten Jahren neu konzipierten ständigen Ausstellung durch die Geschichte der Stadt von den früheren Besiedlungen über die Gründung der Stadt und ihre Entwicklung vom Mittelalter über die Renaissance und die barocke Prachtphase bis hin zur Industrialisierung im 19. Jahrhundert und schließlich zur fast völligen Zerstörung im Kriegsjahr 1945.

Die jüngere Vergangenheit dokumentiert den Wiederaufbau als DDR-Metropole mit all seinen Irrwegen sowie den Wandel seit 1989. Ergänzt wird die Dauerausstellung durch zahlreiche Sonderschauen zur Geschichte und Kunst. Besonders beliebt beim Publikum ist die jedes Jahr stattfindende Weihnachtsausstellung, die einen bunten Einblick in Volkskunst und Bräuche gibt.

Öffnungszeiten: Samstag bis Donnerstag 10–18 Uhr.

Deutsches Hygiene-Museum

Im Jahr 1911 fand in Dresden die I. Internationale Hygiene-Ausstellung statt, die mit mehr als fünf Millionen Besuchern sensationellen Zuspruch fand. Die Idee stammte von dem Industriellen Karl August Lingner, der nicht nur mit dem Odol-Mundwasser, dem ersten professionell vermarkteten Produkt aus Deutschland, Erfolg hatte, sondern auch mit seinen Visionen zur Gesundheitsaufklärung.

Der von Wilhelm Kreis entworfene Museumsbau (53) am Lingnerplatz 1, in dem dieses Programm Gestalt annehmen konnte, wurde 1930 fertig, 14 Jahre nach Lingners Tod. Auch dieses Museum wurde 1945 zerstört und danach wiederaufgebaut.

Im Zentrum steht die Dauerausstellung „Der Mensch". Bekannteste Exponate sind die „Gläserne Frau" beziehungsweise der „Gläserne Mensch", an denen sich Bau, Lage und Funktion von Organen und Gefäßen des menschlichen Organismus anschaulich verfolgen und erklären lassen. Auch Sexualität, Schwangerschaft und Geburt sind als Themen Teil der Exposition.

Die stark besuchten Sonderausstellungen, etwa zur Pille oder zur Abtreibung, zum Herzen als Blutpumpe, Metapher oder „Sitz der Liebe", zu Kosmetik und Schönheitsidealen, oder eine Fotoschau mit Frauenselbstporträts haben den Ruf des Museums gestärkt, ein modernes Museum zu sein, dessen Ausstellungen große Bereiche wie Medizin, Biologie, Geschichte, Kunst und moderne Alltagsbewältigung übergreifend aufbereiten.

Öffnungszeiten: Dienstag, Donnerstag, Freitag 9–17 Uhr, Mittwoch 9–20.30 Uhr, Samstag, Sonntag 10–17 Uhr.

Im sogenannten Kügelgenhaus, dem Museum zur Dresdner Frühromantik, hängen Porträts von Anton Graff (1736–1813) – etwa das der Minna Körner (69 x 56) aus dem Jahr 1790. Der aus der Schweiz stammende Kunstprofessor zählte zu den bedeutendsten Bildnismalern der Dresdner Aufklärungszeit. Durch seine Kontakte mit den Romantikern entstanden auch einige Landschaftsbilder.

Die großen Zeichnungen von Elke Hopfe, die eine Professur an der Dresdner Kunstakademie innehat, drehen sich hauptsächlich um das Thema Mensch. Am liebsten porträtiert sie Personen, die sie schon lange kennt. Schonungslos zeigt die Grafikerin an ihnen Spuren des Lebens.

Freie und angewandte Kunst

Die Dresdner Kunst zeichnet sich nicht nur durch reiche Traditionen, sondern auch durch Freude am Experimentieren aus.

Eine markante Dresdner Persönlichkeit ist Inge Thiess-Böttner, geboren 1924 in Dresden. Sie studierte an der Dresdner Kunstakademie Malerei, mußte aber als Puppengestalterin und Restauratorin ihr Brot erwerben. Erst als Rentnerin kann sie sich ganz ihrer Kunst widmen. Ihre lyrisch-geometrischen Abstraktionen sind geprägt durch rhythmische Farben und Formen. Endlos variiert sie das Motiv des Drachens, Fächers und der Seiltänzerin. Offen ist sie gegenüber jeder Technik, vom Linoldruck, Malerei auf Leinwand bis zur Computergrafik und Lasertechnik (Haydnstraße 27, 01309 Dresden, Telefon 03 51/ 4 42 45 61).

Mit mathematischem Kalkül komponiert der Maler und Architekt Peter Albert, geboren 1936 in Dresden, seine Bilder. Als Nebenfach belegte er an der TU Dresden Malerei und Grafik. Albert gehört zu den wichtigsten Vertretern der Konkreten in Sachsen. Tagsüber zeichnet er am Reißbrett. Seine Freizeit gehört der Malerei. Albert geht es um die reine Wirkung der Farben. Er beschränkt sich auf die klassischen Formelemente Rechteck, Kreis und Spirale. Vom Mittelpunkt ausgehend, staffelt und dreht er das Bild und gestaltet faszinierende meditative Räume (Steinadlerstraße 11, 01187 Dresden, Telefon 03 51/ 40 12 23 20).

Eigenwillig arbeitet die Grafikerin Elke Hopfe, geboren 1945 in Limbach-Oberfrohna. Für sie ist der Mensch nach wie vor eine Herausforderung. Sie studierte an der Dresdner Hochschule für Bildende Künste (HfBK) und nahm das Erbe der Dresdner Zeichenschule auf. Sie lehrt hier seit 1992 als Professorin.

Ihr Thema sind die biografischen Brüche, dafür sucht sie grafische Zeichen. Typisch ist das Strichgewirr, aus dem ihre Gestalten hervortreten. In einer ihrer letzten Arbeiten, einem Selbstporträt (Graphit, 73 × 102 cm), rückt der Kopf an die Unterkante des Blattes; er wird von den weißen Flächen gehalten, aus denen geisterhaft die Hände heraustreten. Wochen und Monate dauert die Arbeit an einem Blatt (Anton-Graff-Straße 22, 01309 Dresden, Telefon 03 51/4 59 50 43).

Kerstin Quandt, geboren 1960 in Dresden, Studium an der HfBK, malt auf Glas, Seidenpapier und Leinwand. Jüngst entstand ein Zyklus „Häutungen“ – eine Metapher für das Leben. Schicht für Schicht trägt sie deckende und lasierende Farben aufeinander und erreicht Flächen von zerbrechlicher Transparenz.

Gelb ist eine ihrer bevorzugten Farben. Darin trägt sie mit expressiver Geste Gedanken ein. Kerstin Quandt machte ebenso mit verschiedenen Installationen auf sich aufmerksam (Kamenzer Straße 30, 01099 Dresden, Telefon 03 51/ 80 11 16 56).

Von archaischer Kraft sind die abstrakten Papierskulpturen des Künstlers Jürgen Schön. 1956 in Riesa geboren, absolvierte er die HfBK Dresden und die Hochschule der Künste in Berlin. Seine organischen Formen, die mitunter an Technisches erinnern, entstehen aus Schichten von geleimtem, unedlem Papier. Sie bergen geheimnisvolle Eigenräume. Schön steht der sogenannten arte povera nahe (Alaunstraße 57, 01099 Dresden, Telefon 03 51/8 01 06 36).

Auch die angewandte Kunst hat in Dresden eine sehr große Tradition – man denke an die Kunstgewerbeschule und die Hellerauer Werkstätten. Heute führt das Kunsthandwerk eher ein Schattendasein; nur einzelne Künstler können sich behaupten.

Erfolgreich ist der Töpfer Johannes Makolies, 1959 in Dresden geboren. Salzglasiertes Steinzeug in Umbra und Kobaltblau sowie Porzellan brennt Makolies in einem selbstgebauten Holzfeuerofen bei 1270 Grad. Dadurch entstehen zufällige Strukturen auf der Oberfläche. Schalen, Krüge, Vasen, Flaschen und Teegeschirr in schlichten organischen Formen gehören zu seinem Repertoire. Sie sind teilweise mit phantasievollem Kriechgetier wie Echsen dekoriert und erinnern an etruskische Keramik (Pillnitzer Landstraße 253, 01326 Dresden, Telefon 03 51/4 11 48 87).

Bemerkenswert sind auch die Wind-, Wasser- und Lichtspiele von Hans-Volker Mixsa. Geboren wurde er 1944 in Meiningen und lernte in einer bedeutenden Dresdner Kunstschmiede. Stahl- und Edelstahl sind seine Materialien. Er sucht nach der absoluten Form, inspiriert durch den Jugendstil. Seine Arbeiten öffnen sich von unten nach oben, gehen von der Erdschwere zur Leichtigkeit und Heiterkeit über. Beliebt sind seine rustikalen Kerzenleuchter in allen Varianten (Bernhardstraße 103, 01187 Dresden, Telefon 03 51/ 47 11 19 04).

Ganz links: Die 1924 geborene Inge Thiess-Böttner wurde maßgeblich vom Konstruktivismus Hermann Glöckners inspiriert. Sie malt hauptsächlich geometrische Kompositionen.
Mitte: In organischen Formen gestaltet Johannes Makolies Steinzeug. Eine breite Standfläche haben die dünnhalsigen Keramikflaschen, die der Dresdner Töpfer in seinem selbstgebauten Ofen brennt.

Am 7. Juni 1905 schlug in Dresden die Geburtsstunde des deutschen Expressionismus. An diesem Tag gründeten Ernst Ludwig Kirchner (1880–1938), Erich Heckel (1883–1970), Karl Schmidt-Rottluff (1884–1976) und Fritz Bleyl (1880–1966) die Künstlergemeinschaft „Brücke". Es gibt davon nur ein einziges Gründungsdokument: In einer flüchtigen Notiz hat Kirchner das Datum des Zusammenschlusses festgehalten. Die vier jungen Künstler arbeiteten jedoch schon länger zusammen.

Sie hatten sich kennengelernt an der Königlich Sächsischen Technischen Hochschule in Dresden. Dort studierten sie Architektur, da keiner von ihnen in dem Wunsch, Maler zu werden, finanzielle Unterstützung von den Eltern erwarten konnte. Während Kirchner und Bleyl ihre Ausbildung noch mit einem gut bestandenem Architekturdiplom abschlossen, unterbrachen Heckel und Schmidt-Rottluff ihr Studium. Im Verein der gleichgesinnten Freunde wagten sie im Sommer 1905 den endgültigen Schritt in eine ungewisse Zukunft als freischaffende Künstler.

Sie verzichteten bewußt auf eine Ausbildung an der Akademie, weil sie durch die Lehrmethoden nicht in ihrer freien Auffassung und Vorstellungskraft beeinflußt werden wollten. Sie wollten nicht malen, was sie mit bloßen Augen vor sich sahen, sondern was sie beim Betrachten der verschiedenen Gegenstände empfanden. Statt einer Abbildung der äußeren Erscheinung strebten sie den Ausdruck ihrer emotionalen Wahrnehmung an. Die Künstler verstanden den Namen „Brücke" als Symbol für den Übergang von der akademischen Tradition zur expressiven Kunst.

Für die Gruppe galt kein allgemeingültiger ästhetischer Maßstab. Jeder Künstler hatte das Recht auf Selbstbestimmung und sollte nur seinen subjektiven Impulsen folgen. Folglich verkündete ihr 1906 veröffentlichtes Programm: „Mit dem Glauben an Entwicklung, an eine neue Generation der Schaffenden wie der Genießenden rufen wir alle Jugend zusammen. Und als Jugend, die die Zukunft trägt, wollen wir uns Lebensfreiheit verschaffen gegenüber den älteren Kräften. Jeder gehört zu uns, der unmittelbar und unverfälscht

1925 reiste Ernst Ludwig Kirchner an die Stätten der 1905 in Dresden gegründeten „Brücke". Ein Jahr später schuf er das Erinnerungsbild „Eine Künstlergemeinschaft". Dargestellt ist die Trennung am 27. Mai 1913. Kirchner hält die von ihm verfaßte „Brücke-Chronik", die Anlaß der Auflösung war. Neben ihm stehen die beiden anderen Gründungsmitglieder Heckel und Schmidt-Rottluff. Davor sitzt rauchend Otto Mueller, der seit 1910 dazugehörte. Er hatte sich aus den Diskussionen herausgehalten. Pechstein fehlt, er war 1912 ausgeschieden. Das einstige vierte Gründungsmitglied, Bleyl, war bereits 1907 ausgetreten.

Dresdner Zeit der „Brücke"-Maler

das wiedergibt, was ihn zum Schaffen drängt."

Von dieser freiheitlichen Auffassung fühlte sich Max Pechstein (1881–1955) stark angezogen. Er hatte an der Dresdner Kunstakademie studiert, suchte aber nach seinem Abschluß die Grenzen der Ausbildung zu sprengen. 1906 trat er der Künstlergemeinschaft bei. Im gleichen Jahr wurde auch der um einige Jahre ältere Emil Nolde (1867–1956) für kurze Zeit Mitglied.

Otto Mueller und andere kamen dazu

Nach und nach schlossen sich der Gruppe weitere Maler an. Wichtig war vor allem Otto Mueller (1874–1930), der jedoch erst 1910 dazukam. Bei den anderen neugewonnenen Kollegen handelt es sich vorwiegend um Künstler aus dem Ausland. Dazu gehörten der Finne Akseli Gallen-Kallela (1865–1931), der Schweizer Cuno Amiet (1868–1961) und der Tscheche Bohumil Kubišta (1884–1918). Die „Brücke"-Gruppe legte sehr viel Wert auf diese Erweiterung, da sie ihrer Bewegung eine internationale Stoßkraft geben sollte. Doch über schriftliche Kontakte ging die Verbindung kaum hinaus. Die gegenseitige Beeinflussung war entsprechend gering, und die ausländischen Mitstreiter werden heute nur selten in Zusammenhang mit der Künstlergemeinschaft „Brücke" genannt.

Die Gründungsmitglieder arbeiteten dagegen von Anfang an sehr eng miteinander. Sie ließen sich in der Berliner Straße in Dresden-Friedrichstadt, einem Arbeiter- und Industrieviertel, nieder. Auf einer Lithographie von Karl Schmidt-Rottluff (1909) ist die Straße dargestellt. Im Haus von Erich Heckels Eltern in der Berliner Straße 65 wurde die gemeinsame Geschäftsstelle eingerichtet.

In der Berliner Straße 60 wohnte Schmidt-Rottluff seit 1906. Im Erdgeschoß dieses Hauses mieteten die Künstler einen leerstehenden Schusterladen. In die dazugehörige Wohnung zog Kirchner ein. Der Verkaufsraum diente allen als Treffpunkt und Atelier. Ende 1909 wechselte Kirchner in eine Wohnung in der Berliner Straße 80.

Weibliche Akte waren Leitmotiv der „Brücke"

Im Schaffen der „Brücke"-Gruppe spielte die Aktdarstellung eine Hauptrolle. Auf ihren Plakaten, Ausstellungskatalogen, Einladungs- und Mitgliedskarten finden sich immer wieder weibliche Akte als Leitmotiv ihrer Kunstbewegung. Aus finanziellen Gründen konnten sich die „Brücke"-Künstler zu Beginn ihrer Laufbahn allerdings nur einmal wöchentlich ein Modell leisten.

Stets präsente Motive waren dagegen die Gebäude und Straßen von Dresden. Von Fritz Bleyl stammt das Aquarell „Japanisches Palais" aus dem Jahr 1905. Es läßt noch

In der Berliner Straße in Dresdens Friedrichstadt wohnten und arbeiteten die „Brücke"-Künstler. Das Viertel außerhalb der etablierten Kunstszene wurde häufig von ihnen dargestellt. Trist und menschenleer hielt Karl Schmidt-Rottluff die Straße in seiner schwarz-weißen Lithographie (40 x 33 cm) von 1909 fest. Abgebildet war sie in der IV. Jahresmappe.

das Architekturstudium erkennen. Die Ansicht ist von einem realistischen Betrachterstandpunkt aus wiedergegeben, die Fassade in all ihren Schmuckformen getreu nachgebildet und das Gebäude an sich aus seiner statischen Konstruktion heraus erfaßt.
Bleyl wurde bereits auf der Technischen Hochschule von seinen Professoren gerühmt, „ganz nach dem Herzen eines Architekten sehr reizvoll zeichnen zu können". Er blieb der Architektur auch weiterhin verbunden. Bereits 1907 trat er aus der Künstlergemeinschaft wieder aus und übernahm ein Lehramt an der privaten Bauschule Freiberg in Sachsen.
Ein weiteres Beispiel der frühen Stadtansichten ist Kirchners Holzschnitt „Augustusbrücke und Frauenkirche in Dresden". Kirchner wählte die beiden wohl berühmtesten Bauwerke von Dresden zum Motiv.

Holzschnitt mit der Frauenkirche

Brücke und Kirche galten seit ihrer Erbauung am Anfang des 18. Jahrhunderts als Wahrzeichen von Dresden und wurden immer wieder in Stadtveduten der nachfolgenden Stilepochen festgehalten. Kirchners Darstellung dürfte mit zu den letzten gehören, da die barocke Steinbrücke mit ihren niedrigen Bögen und engen Pfeilerstellungen 1907 durch eine moderne Konstruktion ersetzt wurde.
Für seinen Holzschnitt ging Kirchner weitaus freier als sein Kollege Bleyl mit den Motiven um. Er wählte einen irrealen Betrachterstandpunkt auf halber Höhe zwischen Brücke und linkem Elbufer und setzte damit seine eigenen Koordinaten für den Bildausschnitt. Außerdem mißachtete er die wahren Größenverhältnisse der beiden Bauten und negierte so die Entfernung zwischen ihnen. Dicke weiße Quellwolken scheinen die Kirche zusätzlich von hinten an die Brücke heranzurücken.
Schließlich verzichtete Kirchner auf die Wiedergabe einzelner Schmuckformen und konzentrierte seine Darstellung auf das charakteristische Baumaterial von Brücke und Kirche.
Ernst Ludwig Kirchner rückte hier eng zusammen, was zeitlich und stilistisch einer Epoche entstammt. Als man zu Beginn des 18. Jahrhunderts anläßlich der Hochzeit des Kurprinzen das gesamte Stadtbild vereinheitlichte, entstand die sächsische massive Variante des Barock. Am Ende des 19. Jahrhunderts versank Dresdens prägnantes Gesicht mit dem Abriß vieler Bauten vor der Frauenkirche langsam wieder im Erdboden.
Zwei Jahre nach dem Zusammenschluß der Gruppe fanden die ersten längeren Ausflüge in die Natur statt. Karl Schmidt-Rottluff und Erich Heckel fuhren im Jahr 1907 zum ersten Mal nach Dangast, einem kleinen Fischerort an der Nordsee. In den

Munter war das Treiben im „Brücke"-Atelier. Ungehemmt bewegten sich die Aktmodelle. Auf Berufsmodelle und einstudierte Posen verzichteten die Künstler, lieber beobachteten sie Kinder oder ihre Freundinnen. Dabei entstanden auch Zeichnungen auf Postkarten, die die Künstler an ihre Freunde schickten und heute beliebte Sammelobjekte sind. Die Postkarte „Vier weibliche Akte im Atelier" schickte Kirchner 1911 an Maschka Mueller.

folgenden Jahren kamen sie immer wieder hierher, um sich von der elementaren Natur der Küstenlandschaft inspirieren zu lassen.
Kirchner und Pechstein dagegen fuhren im Sommer 1907 in das nahe bei Dresden gelegene Goppeln. Die hier entstandenen Werke stehen der Bildsprache van Goghs sehr nahe. Ein typisches Beispiel dieser Zeit ist Pechsteins Rohrfederzeichnung „Kornpuppen vor Häusern". Schon das Motiv ist den Werken des Holländers verwandt. Vor allem begeisterten sich Kirchner und Pechstein an seiner dynamisch gesteigerten Pinselschrift. So zeigt Pechsteins Blatt eine große Variationsbreite von einzelnen luftig verteilten Punkten, kurzen stakkatohaften Kommas und weichgeschwungenen Linienzügen. Als reich bewegtes Miteinander wirkt die Bildstruktur wie ein über den dargestellten Gegenständen liegendes Energiefeld.

Berühmte Szenen an Moritzburger Seen

Berühmt geworden sind die Sommeraufenthalte der „Brücke"-Künstler an den Moritzburger Seen. Für den Sommer 1909 planten Kirchner, Heckel und Pechstein dort einen längeren Aufenthalt, um Akt zu malen. Das Moritzburger Teichgebiet mit dem dazugehörigen Jagdschloß aus dem 16. Jahrhundert war schon damals aufgrund seiner historischen und landschaftlichen Reize ein beliebtes Ausflugsziel.
Im Jahr 1905 wurde an einem der Seen ein öffentliches Strandbad gebaut. Für ihre Malaktionen verzichteten die Künstler allerdings auf diese Einrichtung. Um ungestört nach den nackten Modellen arbeiten zu können, bevorzugten sie die vom bürgerlichen Badebetrieb abgelegenen Ufer der Seen. Die Künstler wurden von ihren damaligen Freundinnen begleitet. Zusätzlich suchten sie noch zwei oder drei Menschen, die keine Berufsmodelle waren und sich daher ohne Atelierdressur bewegten.
Max Pechstein erinnerte sich später an die Suche: „Ein Freund wies uns an die Frau eines verstorbenen Artisten und ihre beiden Töchter. Ich legte ihr unser künstlerisches Wollen dar. Sie besuchte uns in unserem Laden in der Friedrichstadt, und da sie dort ein ihr vertrautes Milieu vorfand, war sie damit einverstanden, daß ihre Töchter sich mit uns nach Moritzburg aufmachten."

Zwei Namen für ein Mädchen: Marzella und Fränzi

Lange Zeit nahm man an, daß es sich bei den beiden Artistentöchtern um Fränzi und Marzella handelt, deren Namen immer wieder auf den Bildtiteln dieser Zeit erscheinen. Die neuere Forschung sieht dagegen in Fränzi und Marzella ein und dasselbe Mädchen. Tatsächlich findet sich auf den aus Moritzburg und Dresden versandten Postkarten immer nur die Unterschrift von Marzella. Gemälde, Holzschnitte und Zeichnungen nach dem gleichen Modell erhielten von den Künstlern mal den einen und mal den anderen Mädchennamen. So ist durchaus wahrscheinlich, daß Marzella der bürgerliche Name und Fränzi nur der von den Künstlern hin und wieder verwendete Spitzname ist.
Bei den von Pechstein genannten Artistentöchtern wird es sich um zwei der anderen elf- bis 15jährigen Modelle handeln, die ebenfalls

Aus dem Jahr 1910 existieren zwei berühmte Marzella-Gemälde von Ernst Ludwig Kirchner und Max Pechstein. Aus etwas unterschiedlichen Positionen malten sie Schulter an Schulter das auf dem Atelier-Sofa sitzende Mädchen. Kirchner stellte sein Bild (100 x 76 cm) im gleichen Jahr aus, stieß aber auf harte Ablehnung.

Pechstein betitelte sein Gemälde von Marzella „Das grüne Sofa" (96,5 x 96,5 cm). Wie auf Kirchners Gemälde dominieren die Farben Rot und Grün.

auf einigen Moritzburger Bildern zu erkennen sind. Festzuhalten bleibt, daß Marzella/Fränzi in ihrem berühmten gelbschwarzen Trikot bei den Sommeraufenthalten ab 1909 dabei war und die „Brücke"-Maler zu einigen ihrer reifsten Werke inspirierte.

Die Künstler wohnten zusammen mit ihren verschiedenen Modellen in der Moritzburger Brauerei am Ortsausgang. Von hier aus waren es nur etwa zehn Minuten Fußweg bis zum Dippelsdorfer Teich, den die Gruppe am liebsten aufsuchte. „Frühmorgens zogen wir Malersleute mit unseren Geräten schwer bepackt los, hinter uns die Modelle mit Taschen voller Fressalien und Getränken. Wir lebten in absoluter Harmonie, arbeiteten und badeten. Fehlte als Gegenpol ein männliches Modell, so sprang einer von uns dreien in die Bresche. Bei jedem von uns entstanden viele Skizzen, Zeichnungen und Bilder", erinnerte sich Pechstein später.

Seine Beschreibung zeigt, daß den Künstlern nicht an Posen gelegen war. Vielmehr sollten bei Spaß und Spiel in der Natur alle künstlichen Haltungen und moralischen Hemmungen abfallen und Nacktsein als natürlicher Zustand empfunden werden. Die Maler zogen sich ebenfalls aus, badeten mit und wechselten so ihre Rolle vom Beobachter zum Modell-Partner. Die Moritzburger Badeaufenthalte boten die besten Voraussetzungen, wirklich freie und ungehemmte Bewegungen am nackten Körper zu studieren.

Was heute vielleicht nicht sonderlich bemerkenswert erscheint, war damals noch im höchsten Maße ungewöhnlich. Zwar entstand im Zeitalter von Sigmund Freud die FKK-Bewegung, aber ein wirklich ungezwungenes Körperbewußtsein wurde nur von wenigen ausgelebt. Der Großteil der Bevölkerung richtete sich weiterhin nach dem strengen Sittenkodex des 19. Jahrhunderts.

So verwundert es nicht, daß die „Brücke"-Künstler schon bald einige Schwierigkeiten bekamen. An einem der Badetage schlich der Ortsgendarm hinter ihnen her und überraschte die Gruppe nach seiner Meinung bei einem groben Verstoß gegen die Sittlichkeit. Er drohte mit einer Strafanzeige beim Staatsanwalt und beschlagnahmte ein von Pechstein soeben gemaltes Bild als Corpus delicti. Die Maler verzogen sich daraufhin mit ihren Modellen auf eine kleine, im Teich liegende Insel. Hier waren sie durch den Wasserweg abgeschnitten und vom Ufer aus nicht sichtbar. Dank der Unterstützung eines Professors von Max Pechstein an der Dresdner Kunstakademie wurde nach einem Vierteljahr auch die Strafanzeige fallengelassen.

Malferien, eine produktive Zeit

Trotz des unerfreulichen Zwischenfalls schätzten die Künstler ihre Malferien an den Moritzburger Seen als sehr erfolgreich ein und wiederholten sie in den Sommern 1910 und 1911. Außer für Karl Schmidt-Rottluff, der bis 1912 die Sommer in Dangast verbrachte, wurde die Moritzburger Zeit die produktivste Phase der gemeinschaftlichen „Brücke"-Arbeit. Die Künstler befreiten sich von jedem Stilvorbild und entwickelten eine ganz eigene Bildsprache. Aus dem Kollektiv ging eine stilistische und motivische Übereinkunft der einzelnen Werke hervor, die Kirchner, Heckel und Pechstein später nie wieder erreichen sollten.

Die unmittelbar beobachteten Badeszenen sind aufgrund der schnellen Bewegungen in einer spontanen

Wenn ihnen keine Modelle zur Verfügung standen, griffen die „Brücke“-Künstler auf Stadtansichten zurück. 1981 wurden diese Motive in einer umfassenden Untersuchung topographisch korrekt eingeordnet. Ernst Ludwig Kirchners Gemälde „Dresden-Friedrichstadt“ von 1910 (57 x 70 cm) zeigt die Straße am Queckbrunnen, die noch zur Wilsdruffer Vorstadt gehört. Durch die Verzerrung der Perspektive (Häuser in Ansicht, Straße in Aufsicht) entsteht auf dem Gemälde eine Sog-Wirkung, die Bewegung ins Bild bringt.

Skizzenmanier festgehalten, wie zum Beispiel in Pechsteins Gemälde „Das gelbschwarze Trikot“ von 1909 oder Heckels „Badende am Waldteich“ aus dem Jahr 1910. Die vibrierenden Pinselzüge und die stark leuchtenden Farbkontraste vermitteln dem Bildbetrachter das euphorische Lebensgefühl der Maler.

Kirchner schrieb resümierend in sein Tagebuch: „Diese stete Arbeit brachte schließlich als Resultat die Lösung des Problems, nackte Menschen in freier Natur mit neuen Mitteln darstellen zu können. In ungebrochenen Farben blau, rot, grün, gelb leuchten die Körper der Menschen im Wasser oder zwischen Bäumen.“

Nackte Menschen in freier Natur

Die Gemälde sind nicht mehr in die herkömmlichen Gattungen der Akt- oder Landschaftsdarstellung einzureihen. In bewußter Unterscheidung spricht Kirchner von nackten Menschen in der freien Natur. Die Motive dokumentieren nicht nur den individuellen Badespaß der „Brücke“-Gruppe, sondern preisen ganz allgemein die ursprünglichen Werte eines gemeinschaftlichen Lebens in der Natur und verurteilen gleichzeitig die rein materiell ausgerichtete Stadtgesellschaft mit ihren vereinsamten Einzelwesen.

Die Szenen am Wasser gehörten während der Sommerausflüge zu den beliebtesten Motiven. Daneben entstanden aber auch Werke nach bekannten Ortsansichten, wie das „Fasanenschlößchen bei Moritzburg“ von Heckel, oder Innenraumdarstellungen.

In diesen Bildern ist die Pinselsprache sehr viel stärker beruhigt, da die Situation nicht in einem kurzen Moment der Bewegung festgehalten wurde. Die offene Skizzenmanier ist zu einheitlichen Farbflächen verschmolzen, die einzelnen Formen sind mit einer dicken Kontur umschlossen. Zusammen mit den strahlend bunten Farben sind dies die drei typischen Stilmerkmale der Dresdner Phase des „Brücke“-Expressionismus.

Bei den Innenraumdarstellungen taucht oft das Mädchen Marzella auf, zum Beispiel auf Kirchners „Artistin, Marzella" und Pechsteins „Das grüne Sofa". Die Darstellungen wirken weitaus intimer auf die Persönlichkeit des Mädchens gerichtet. Auf beiden Werken sitzt Marzella in ihrem gestreiften Trikot auf einem grünen Sofa neben einer zusammengerollten weißen Katze.
In mehreren Briefen schrieben die „Brücke"-Künstler fasziniert von den femininen, geschmeidigen Bewegungen und dem Eigenwillen des Mädchens. Pechstein und Kirchner wählten einen unterschiedlichen Blickwinkel auf das Modell. Aus Pechsteins Sicht ist die Hüfte, also die sich entwickelnde weibliche Figur des Teenager, betont und dadurch die frühreife Eigenart des Mädchens hervorgehoben.
In Kirchners Gemälde fällt dagegen die stark stilisierte Form des Sofas auf. Der Künstler reduzierte die Sitzgelegenheit zu einem flächigen Ovalrund und wiederholte damit die in etwa gleiche Umrißform der Katze.

Betonung des Blickwinkels

Selbst die Sitzhaltung von Marzella paßt sich aus dem Blickwinkel von Kirchner diesem Formschema an. Das Gesicht des Mädchens zeigt mit einer dicken grünen Umrandung ebenfalls die Form des Ovals. Kirchner suchte in der Wiederholung augenscheinlich eine ausdrucksstarke Formel für anschmiegsame Behaglichkeit, Stille und zurückgezogene Träumerei. Bei ungefähr gleichen Stilprinzipien verarbeitete so jeder der beiden Künstler seine ganz individuelle Einschätzung von dem Mädchen. Das Jahr 1910, in dem diese beiden Marzella-Gemälde entstanden, muß als Höhepunkt der Dresdner „Brücke"-Phase angesehen

Erich Heckels Gemälde „Sidonienstraße in Dresden" (69 x 80,5 cm) aus dem Jahr 1910 zeigt die Sidonienstraße, die beim Hauptbahnhof liegt. Exotisch wirkt der Farbakkord aus Grün, Rosa und Hellblau. In der starken – fast grellbunten – Farbigkeit übertraf sich der Künstler selbst.

werden. Im September des Jahres fand die erste bedeutende Einzelausstellung der Künstlergemeinschaft statt. Zwar hatte die Gruppe seit ihrer Gründung schon recht viele Ausstellungen organisiert, aber ohne einen nachhaltigen Eindruck bei Publikum oder Presse zu hinterlassen.

Lediglich eine einzige Ausstellung der Frühzeit ist in die Annalen eingegangen. Der Grund dafür war allerdings der ungewöhnliche Präsentationsort und nicht die gezeigten Werke. Im Herbst 1906 stellte der Lampenfabrikant Max K. Seifert den jungen Künstlern seine Schauräume in Dresden-Löbtau zur Verfügung. Hier hingen die ersten Gemälde, Zeichnungen und Druckgraphiken der „Brücke"-Künstler zwischen modernen Leuchtkörpern. Vier Jahre später wurden den Künstlern bereits die Räume der renommierten Galerie Ernst Arnold in der Schloßstraße angeboten.

Zur Ausstellung erarbeiteten die Maler ihren ersten Katalog selber. Da fotomechanische Abbildungen zu teuer gewesen wären, wurden die Motive der ausgestellten Werke auf Holzschnitte übertragen und in jedem Heft einzeln abgedruckt. Kurioserweise fertigte nicht jeder Künstler die Drucke nach seinen eigenen Bildern, sondern nach denen eines „Brücke"-Kollegen. So schnitt zum Beispiel Pechstein Motive von Kirchner in Holz, Kirchner wiederum Motive von Heckel.

Dieses Verfahren bezeugt die in Moritzburg erarbeitete stilistische Übereinkunft der Mitglieder. Hierauf beruht die eigentliche Bedeutung dieser Ausstellung. Zwar mußten die Künstler vor allem negative Kritik hinnehmen und ein finanzieller Erfolg lag weit entfernt, aber sie traten zum erstenmal geschlossen mit dem gemeinsamen „Brücke"-Stil vor die Öffentlichkeit.

Interesse für andere Völker

In das Jahr 1910 fällt auch eine intensive Auseinandersetzung der Künstlergemeinschaft mit den Kulturen der Naturvölker. Im Frühjahr öffnete zum Beispiel das Dresdner Völkerkundemuseum nach einer längeren Umbauphase wieder seine Türen. In vielen Briefen und Tagebuchaufzeichnungen schrieben die „Brücke"-Künstler begeistert von den Sammlungsobjekten, die sie eifrig nachzeichneten.

Des weiteren gastierten im Sommer Völkerkundeschauen in den Dresdner Kunstgewerbe-Ausstellungshallen und im Zoologischen Garten. Hier konnten die Besucher originale Kultgegenstände aus Übersee bestaunen und die Menschen von dort bei ihren täglichen Beschäftigungen beobachten. Zusätzlich wurden in zirkusähnlichen Vorstellungen typische Zeremonien, Tänze und Jagdpraktiken vorgeführt.

Auch wenn bei den Organisatoren und meisten Besuchern dieser Spektakel kaum ein völkerkundliches Interesse zu vermuten ist, zeigten sich die „Brücke"-Künstler jedoch stark beeindruckt von der harmonischen Verbindung zwischen Leben und Kunst der Naturvölker. Um sich selber dem Ideal anzunähern, richteten die Künstler ihre Wohnungen und Ateliers mit selbsthergestellten Möbeln ein, die den „primitiven" Kunstwerken nachempfunden waren. Viele dieser Einrichtungsgegenstände sind auf Fotos und in den zahlreichen Werken der Maler überliefert.

Freiraum durch exotische Möbel im Atelier

Zu den besonders markanten Stücken, die auch auf der kleinen Postkartenzeichnung „Vier weibliche Akte im Atelier" von Ernst Ludwig Kirchner zu erkennen sind, gehören ein zweiteiliger zitronengelber Vorhang mit aufgemalten erotischen Motiven, ein Paravent mit gebatikter Stoffbespannung und ein niedriger Holzhocker, dessen Sitzfläche von einem stilisierten Leoparden getragen wird.

Die exotische Raumgestaltung sollte die humanen Werte eines ursprünglichen Lebens vermitteln. Sie muß in der Tradition von Gauguins Zivilisationsflucht verstanden werden. Zwar spielte die Künstlergemeinschaft nie mit dem Gedanken auszuwandern, aber sie schuf sich innerhalb der Stadt einen Freiraum, in dem die materiellen Werte der Industriegesellschaft nicht galten.

In dieser Atmosphäre von Natürlichkeit wurden im Winter die Gruppenaktdarstellungen der Moritzburger Ausflüge fortgesetzt. Die bereits genannte Darstellung „Vier weibliche Akte im Atelier" gehört in diese Motivgruppe. Sie kündigt eine stilistische Neuerung der „Brücke"-Gemeinschaft an. Nach dem Vorbild „primitiver" Kunstwerke wechselten die Maler von ihrem weichen Linienfluß zu einer harten, eckigen Umrißzeichnung.

Der Stilwandel leitet die Entwicklung der Berliner „Brücke"-Zeit ein. Fünf Jahre nach ihrem Zusammenschluß siedelte die Gemein-

Die „Brücke"-Künstler schufen während ihrer heute legendären Aufenthalte an den Moritzburger Seen zahlreiche Badeszenen. Dabei malte Pechstein 1909 unter anderem „Das gelbschwarze Trikot". Wenige Jahre zuvor stellten die französischen Impressionisten noch das Baden als ein Sonntagsvergnügen der zivilisierten Stadtgesellschaft dar. Die „Brücke" wollte dagegen an Rousseaus „Zurück zur Natur" erinnern.

schaft im Winter 1911 in die damalige Hauptstadt des Kaiserreiches über. Der Hauptgrund: die geringe Akzeptanz des Dresdner Publikums ihrer Kunst gegenüber. Die Bevölkerung stand zu Beginn des 20. Jahrhunderts allem Modernen verschlossen gegenüber. Letztendlich förderte aber diese Ignoranz den festen Zusammenhalt der Künstlergemeinschaft und ihren kollektiven „Brücke"-Stil, die erste Form des deutschen Expressionismus.

In Berlin löste sich allmählich das enge Band der „Brücke"-Gemeinschaft. Die Ateliers der Künstler lagen über die ganze Stadt verteilt, und die vielfältigen Anregungen der Metropole verarbeitete jeder auf seine individuelle Weise.

Kirchners Chronik brachte Unfrieden

Im Jahr 1913 versuchte die Gruppe noch einmal, ihren Zusammenhalt zu stärken. In einer „Brücke"-Chronik sollten die Entwicklung und das Ziel der Künstlergruppe publiziert werden. Der von Ernst Ludwig Kirchner verfaßte Text fand jedoch nicht die Zustimmung der übrigen Mitglieder. Diese weitere Differenz führte zur endgültigen Trennung. Am 27. Mai 1913 gaben die Künstler offiziell bekannt: „Wir teilen Ihnen mit, daß die Unterzeichneten beschlossen, die Künstlergruppe ‚Brücke' als Organisation aufzulösen."

Schmidt-Rottluff war bei den Badeausflügen an die Moritzburger Seen nicht dabei. Er begann erst Ende 1912, als die „Brücke" bereits nach Berlin umgezogen war, Badende zu malen. „Nach dem Bade" von 1912 zeigt, daß stilistisch die Dresdner Phase des „Brücke"-Expressionismus überwunden ist. Obwohl die Flächenwirkung noch vorherrscht, erhalten einzelne Formen durch Farbmodellierung mehr Volumen (Gemäldegalerie Neue Meister, Dresden).

Personenregister

(Unterstrichene Ziffern beziehen sich auf die Abbildungen)

Orts- und Sachregister

(Normal gedruckte Ziffern verweisen auf kurze Hinweise, **fette** auf Hauptbeschreibungen, unterstrichene Ziffern auf Abbildungen)

Literaturhinweise

Czok, Karl: August der Starke und seine Zeit. Leipzig 1997
Moeller, Magdalena M. (Hrsg.): Die „Brücke", aus der Sammlung des Brücke-Museums Berlin. München 1995
Museum Schloß Moritzburg: Künstler der „Brücke", Ausstellungskatalog. Dresden, 1995
Sonntag, Hans: Erlebte Kunst – Meißner Figurenporzellan aus drei Jahrhunderten. Leipzig 1997
Syndram, Dirk; Kretschmann, Georg: Der Schatz der Wettiner – Der Sensationsfund in Sachsen. Leipzig 1997
Staatliche Kunstsammlungen Dresden: Kokoschka und Dresden. Leipzig 1996

Autoren

Jan Rüdiger M.A.
Seite 4 bis 9
Seite 26 bis 35
Seite 36 bis 41
Gregor Kunz
Seite 10 bis 19
Seite 20 bis 25
Seite 50 bis 57
Dr. Peter Ufer
Seite 42 bis 49
Seite 58 bis 69
Seite 70 bis 75
Jens Uwe Sommerschuh
Seite 76 bis 85
Norbert Göller
Seite 86
Maike Hoffmann M.A.
Seite 87 bis 95

Bildnachweis

Exklusivfotografie: Jürgen Wackenhut (54)
Zusätzlich: HB-Bildarchiv (14), Brücke-Museum Berlin (S. 7, 88, 90, 94, 4). Hamburger Kunsthalle Elke Walford (S. 16), Museum Ludwig Köln (S. 87, 91), Sprengel-Museum Hannover (S. 92), Staatliche Museen zu Berlin, Preußischer Kulturbesitz (S. 89, 93), Albertinum Dresden, Grünes Gewölbe (Titel, S. 80, 81), Gemäldegalerie Alte Meister Dresden (S. 76/77, 78), Kupferstichkabinett Dresden (S. 84), Gemäldegalerie Neue Meister Dresden (S. 83, 95), Porzellansammlung Dresden (S. 79), Stadtmuseum Dresden (S. 85), Städtische Sammlung Freital (S. 72), Elke Hopfe (S. 86). Die Reproduktionen folgender Abbildungen erfolgten mit Genehmigung der Rechtsinhaber: © Waltraut Bleyl, Köln (S. 7), © Dr. Wolfgang & Ingeborg Henze-Ketterer, Wichtrach/Bern (S. 87, 89, 90, 92), © Nachlaß Erich Heckel, Hemmenhofen (S. 93), © Pechstein/Hamburg-Tökendorf (S. 91, 94), © VG Bild-Kunst (S. 16, 84, 88, 95)
Karten: Studio für Landkartentechnik, Norderstedt

Lieferbare Ausgaben

2 Lübeck und Herzogtum Lauenburg
3 Aachen und die Eifel
7 Oberammergau · Pfaffenwinkel
8 Heidelberg und die Bergstraße
9 Koblenz und der Mittelrhein
10 Schleswig-Holsteins Westen
11 Augsburg · Bayerisch Schwaben
12 Oldenburg und Ostfriesland
13 Xanten und der Niederrhein
14 Konstanz und der Bodensee
15 Frankfurt · Wiesbaden · Taunus
16 Schleswig und Schleswiger Land
18 Speyer und die Pfalz
19 Aschaffenburg · Spessart · Odenwald
20 Straßburg · Colmar · Elsaß
21 Köln
22 Oberschwäbische Barockstraße
23 Trier
24 Passau und der Bayerische Wald
25 Rothenburg · Taubertal · Hohenlohe
26 Mainz · Worms · Rheinhessen
27 Baden-Baden · Nordschwarzwald
28 Florenz
29 Lüneburger Heide
30 Salzburg und Salzburger Land
31 München
32 Venedig
33 Allgäu
34 Toskana
35 Berlin
36 Provence
37 Nürnberg · Nürnberger Land
38 Rom
39 Hamburg
40 Südtirol
41 Bayreuth · Coburger Land
42 Paris
43 Stuttgart · Neckarland
44 Brüssel · Antwerpen · Brügge · Gent
45 Hildesheim · Weserbergland
47 Harz
48 Ulm · Schwäbische Alb
49 Bremen · Elbe-Weser-Region
50 Sizilien
51 Mecklenburg-Vorpommern
52 Altmühltal
53 Burgund
54 Fulda und die Rhön
55 Potsdam · Brandenburg
56 Würzburg · Mainfranken
57 Thüringen
58 Oberbayern
59 Sachsen-Anhalt
60 Münster · Münsterland
61 Bamberg · Fränkische Schweiz
62 Freiburg · Südschwarzwald
63 Regensburg · Oberpfalz
64 Dresden · Sächsische Schweiz

In Vorbereitung

65 Straßburg · Elsaß

Impressum

Verlag: HB Verlags- und Vertriebs-Gesellschaft mbH, Alsterufer 4, 20354 Hamburg, Postfach 30 06 60, 20347 Hamburg, Telefon 0 40/41 51-04, Telefax 0 40/41 51-32 31
Geschäftsführer: Kurt Bortz, Jonny Bülow, Dr. Joachim Dreyer,

Redaktion und Produktion:
Harksheider Verlagsgesellschaft mbH, Fabersweg 1, 22848 Norderstedt, Postfach 52 49, 22822 Norderstedt, Telefon 0 40/5 28 86 20, Telefax 0 40/5 23 40 56

Redaktion:
Ulrike Klugmann (verantwortlich), Birgit Heimbach M.A.

Layout: Traute Frost, Hamburg

HB-Kunstführer Fotoservice:
Harksheider Verlagsgesellschaft mbH, Postfach 5249, 22822 Norderstedt, Telefon 0 40/52 88 62-22
Telefax 0 40/5 23 40 56

Erscheinungsweise: vierteljährlich

Anzeigenalleinverkauf:
KV Kommunalverlag GmbH, Postfach 81 05 65, 81905 München, Telefon 0 89/92 80 96-24, Telefax 0 89/92 80 96-20

Vertrieb Zeitschriftenhandel:
Partner Presse Vertrieb GmbH, Postfach 81 04 20, 70521 Stuttgart, Telefon 07 11/72 52-2 10, Telefax 07 11/72 52-3 75

Vertrieb Abonnement und Einzelhefte:
Zenit Pressevertrieb GmbH, Postfach 81 06 40, 70523 Stuttgart, Telefon 07 11/72 52-1 98, Telefax 07 11/72 52-3 33

Vertrieb Buchhandel:
Mairs Geographischer Verlag, Marco-Polo Zentrum, 73760 Ostfildern, Telefon 07 11/45 02-0, Telefax 07 11/45 02/340

Satz: Alphabeta Druckformdienst GmbH, Hamburg

Gesamtherstellung:
Syko Pre Press GmbH, Fellbach
Printed in Germany
Gedruckt auf chlorfrei gebleichtem Papier

ISBN 3-616-06564-X

Zeittafel

929
Unterwerfung der sorbischen Gaue Daleminze und Nisan durch König Heinrich I., Gründung der Burg Meißen

968
Gründung des Bistums Meißen durch Kaiser Otto I.

1002–1031
Harte Kämpfe mit den polnischen Herzögen um die Mark Meißen

1089
Heinrich von Eilenburg wird als erster Wettiner Markgraf von Meißen

um 1100
Burg Stolpen wird errichtet

1123–1125
Konrad von Wettin erwirbt die Mark Meißen

um 1180
Bau der Dresdner Elbbrücke, dem Vorgänger der Augustusbrücke

1206
Erste urkundliche Erwähnung Dresdens

1216
Dresden wird erstmals als Stadt genannt

1260
Teilung des askanischen Herzogtums Sachsen in Sachsen-Lauenburg und Sachsen-Wittenberg. Wittenberg erhält mit der Goldenen Bulle 1356 die Kurwürde

1403
Altendresden erhält von Wilhelm I. das Stadtrecht. Auch danach bleibt es zunächst eine bescheidene Ackerbürgergemeinde

1423
Der Meißner Markgraf Friedrich erhält vom Kaiser das erledigte Lehen Sachsen-Wittenberg und damit den Herzogtitel und die Kurwürde

1429
Altendresden wird von den Hussiten erobert und in Brand gesteckt

1464
Gemeinsame Herrschaft von Ernst und Albrecht

1485
Teilung der Wettinischen Lande unter den Brüdern Ernst, der Kurfürst in Wittenberg wird, und Albrecht, der als Herzog in Dresden residiert

1491
Das linkselbische Dresden brennt fast vollständig nieder

1539
Heinrich der Fromme, Herzog bis 1541, führt im Herzogtum Sachsen die Reformation ein

1542–1546
Bau der ersten „Moritzburch"

1546
Reichsacht gegen den ernestinischen Kurfürsten Johann Friedrich. Herzog Moritz wird vom Kaiser mit der Vollstreckung beauftragt

1546–1591
Bau einer modernen Festungsanlage um die Dresdner Residenz, dabei entsteht die Brühlsche Terrasse

1549
Der Flecken Altendresden wird auf Befehl des Kurfürsten Moritz mit der Residenz Dresden vereinigt

1581
Rücktritt des letzten Bischofs von Meißen. Die Verwaltung des Hochstifts fällt an die Wettiner

16. Jahrhundert
Umbau von Dresdens mittelalterlicher Burg zum Renaissanceschloß in mehreren Etappen

1649
Das Weinbergschlößchen Hoflößnitz in Radebeul-Oberlößnitz wird von Ezechiel Eckardt errichtet

1684
Befestigung Altendresdens durch Wolf Caspar von Klengel (1630–1691)

1685
Altendresden brennt fast vollständig nieder. Wiederaufbau nach Plänen Wolf Caspar von Klengels

1694–1733
Regierungszeit Kurfürst Friedrich Augusts I., als König von Polen August II.

1697
August der Starke konvertiert zum Katholizismus

1707–1711
Bau des Taschenbergpalais in Dresden durch Matthäus Daniel Pöppelmann (1662–1736)

1708
Erfindung des europäischen Porzellans durch Johann Friedrich Böttger (1682–1719)

1710
Die Kurfürstliche Porzellanmanufaktur in Meißen nimmt ihren Dienst auf. Bau der barocken Zwingeranlage in Dresden bis 1732

1721–1723
Bau des Wasserpalais der Schloßanlage Pillnitz

1723–1736
Barocker Umbau des Jagdschlosses Moritzburg durch Pöppelmann

1726–1743
Bau der Frauenkirche durch George Bähr (1666–1738)

1727–1731
Bau der Augustusbrücke unter Leitung Pöppelmanns. Bis 1733 Umbau des Holländisches Palais (1715) zum Japanischen Palais

1728
Johann Christoph Knöffel (1686–1752) baut Wackerbarths Ruh

1730
In Bad Schandau wird ein Gesundbrunnen eröffnet

1732
Auf Befehl des Kurfürsten und Königs wird Altendresden in Neue Stadt bei Dresden umbenannt

1733–1763
Regierungszeit von Kurfürst Friedrich August II., als August III. König von Polen

1737–1754
Bau der Dresdner Hofkirche, bis 1747 unter Gaetano Chiaveri (1689–1770); Errichtung von 31 Arbeiterunterkünften, genannt „Italienisches Dörfchen"

1747
August III. ruft den Vedutenmaler Bernardo Bellotto (1721 bis 1780), genannt Canaletto, nach Dresden, um den neuen Glanz der Residenzstadt festzuhalten

1756–1763
Der Siebenjährige Krieg, Dresden wird teilweise zerstört

1768
Kurfürst Friedrich August III. (als König von Polen Friedrich August I.) übernimmt die Regentschaft

um 1800
Dresden ist ein Zentrum der Romantik, 1798/1840 Wohnort von Caspar David Friedrich (1774–1840)

1834
Gottfried Semper (1803 bis 1879) wird an die Dresdner Kunstakademie berufen, 1838 bis 1841 Bau der ersten Semper-Oper in Dresden, 1847/55 Bau der Dresdner Gemäldegalerie am Zwinger nach einem Entwurf Sempers

1850–1854
Bau von Schloß Albrechtsberg in Dresden-Loschwitz

1871–1878
Bau der zweiten Semper-Oper in Dresden

1905
In Dresden wird die Künstlergruppe „Brücke" gegründet von Fritz Bleyl (1880–1966), Erich Heckel (1883–1970), Ernst Ludwig Kirchner (1880–1938) und Karl Schmidt-Rottluff (1884–1976)

1916–1923
Aufenthalt Oskar Kokoschkas (1886–1980) in Dresden, ab 1919 Professur an der Akademie

1920
Sachsen wird Freistaat

1945
Zerstörung Dresdens

1985
Wiedereröffnung der Semperoper mit Webers „Freischütz"

1992
Wiedereröffnung der Dresdner Gemäldegalerie Alte Meister und der Rüstkammer im Semperbau

1996
Ausstellung im Albertinum: „Kokoschka und Dresden"